O (DES)CONTENCIOSO TRIBUTÁRIO:
DA LITIGIOSIDADE ESCALAR
À TRANSAÇÃO DE TESE

CIP-BRASIL. CATALOGAÇÃO NA PUBLICAÇÃO
SINDICATO NACIONAL DOS EDITORES DE LIVROS, RJ

C171d

Camano, Fernanda Donnabella
O (des)contencisoso tributário : da litigiosidade escalar à transação de tese / Fernanda Donnabella Camano, Paulo Cesar Conrado. - 1. ed. - São Paulo : Noeses, 2023.

126 p. ; 23 cm.
Inclui bibliografia
ISBN 978-85-8310-149-9

1. Direito tributário - Brasil. 2. Administração e processo tributário - Brasil. I. Conrado, Paulo Cesar. II. Título.

23-84179 CDU: 34:351.713(81)

Gabriela Faray Ferreira Lopes - Bibliotecária - CRB-7/6643

O (DES)CONTENCIOSO TRIBUTÁRIO: DA LITIGIOSIDADE ESCALAR À TRANSAÇÃO DE TESE

Paulo Cesar Conrado

Doutor e Mestre em Direito do Estado (Tributário) pela PUC/SP. Juiz Federal. Professor do programa de mestrado profissional da FGV Direito SP. Coordenador e Professor do curso "Processo tributário analítico" (Ibet).

Fernanda Donnabella Camano

Pós-doutora pela Faculdade de Direito da USP (Departamento Direito Econômico, Financeiro e Tributário), Doutora e Mestre em Direito do Estado (Tributário) pela PUC/SP. Advogada. Professora do Ibet, da PUC/COGEAE, do programa de pós-graduação *lato sensu* da FGV Direito SP.

2023

editora e livraria
NOESES

Copyright © Editora Noeses 2023
Fundador e Editor-chefe: Paulo de Barros Carvalho
Gerente de Produção Editorial: Rosangela Santos
Arte e Diagramação: Renato Castro
Revisão: Georgia Evelyn Franco
Designer de Capa: Aliá3 - Marcos Duarte

TODOS OS DIREITOS RESERVADOS. Proibida a reprodução total ou parcial, por qualquer meio ou processo, especialmente por sistemas gráficos, microfílmicos, fotográficos, reprográficos, fonográficos, videográficos. Vedada a memorização e/ou a recuperação total ou parcial, bem como a inclusão de qualquer parte desta obra em qualquer sistema de processamento de dados. Essas proibições aplicam-se também às características gráficas da obra e à sua editoração. A violação dos direitos autorais é punível como crime (art. 184 e parágrafos, do Código Penal), com pena de prisão e multa, conjuntamente com busca e apreensão e indenizações diversas (arts. 101 a 110 da Lei 9.610, de 19.02.1998, Lei dos Direitos Autorais).

2023

editora e livraria
NOESES

Editora Noeses Ltda.
Tel/fax: 55 11 3666 6055
www.editoranoeses.com.br

À querida amiga e parceira de docência, Juliana Furtado Costa Araujo, uma das maiores conhecedoras de transação tributária do País, professora de todos nós e dona de uma mente brilhante e incansável, nossa inspiração constante.

APRESENTAÇÃO

Sem perceber, fomos testemunhas de uma história que se desenvolveu em pouco mais de trinta anos e que deságua, hoje, na figura da transação no contencioso.

Habilitados pela consciência que só o tempo é capaz de dar, é dessa fatia histórica (pequena temporalmente falando, mas grandiosa em termos de conteúdo), hoje muito mais nítida, que nos dispomos a falar neste livro.

Esse olhar em perspectiva sobre a verdadeira "revolução" porque passa(ou) o contencioso tributário – do presente como derivação do passado –, além de testar nossa memória, oferece interessantes (e importantes) pistas sobre o futuro, capacitando-nos a uma espécie de preparação, relevante medida nesse mundo feito de constantes reviravoltas.

As conclusões a que chegamos – seria melhor dizer, "sugestões" – talvez sejam o menos significativo, de todo modo; o processo de formação das circunstâncias do presente a partir de premissas do passado, isso sim, seria o dado de ouro.

Para seguir esse trajeto, ajustamos, deliberadamente, que nossa narrativa não se prenderia aos parâmetros usuais da produção doutrinária, servindo-nos pouco (ou quase nada) de fontes externas, menos ainda de antecedente

O (DES)CONTENCIOSO TRIBUTÁRIO:
DA LITIGIOSIDADE ESCALAR À TRANSAÇÃO DE TESE

revisão literária. Não as negamos em si mesmas, tampouco sua importância como premissas metodológicas e de conteúdo, vale destacar; afinal, só somos o que somos porque com elas (ou partir delas) construímos mínima capacidade de interagir com o "dado jurídico".

Seja como for, gostaríamos que nosso leitor nos percebesse como anunciamos de início, a repetir, como testemunhas da densa história recente do contencioso tributário brasileiro;[1] é nisso – no que presenciamos – que queremos nos reter.

Essa opção nos permite uma espécie de exposição íntima, descolada de parametrizações e rótulos, o que, pensamos, é muito bom, pois nos dá a liberdade com que o texto foi projetado – uma confissão: conversamos, enquanto escrevíamos, por horas e horas, em encontros predominantemente remotos que coloriram nossas vidas durante os mais de dois anos de retenção por força da pandemia de covid-19 (um elemento histórico que nos acompanhará, Fernanda e Paulo e a todos, com toda certeza).

Pois é justamente por esse aspecto libertário que, em suas dobras, este livro pode servir, quem sabe, a um outro propósito: provocar o leitor para que resgate suas próprias experiências, colocando-as na mesa, como componentes do processo interpretativo. E, se não as teve – não pelo menos no âmbito do contencioso tributário –, que reflita sobre as que são exteriorizadas aqui e noutras paragens, avaliando em que proporção é possível delas retirar algum prognóstico sobre os caminhos a seguir.

---

1. Tomado, nesse contexto, um específico marco temporal: da Constituição de 1988, época em que pessoalmente iniciávamos nossas carreiras, até a produção da Lei n.13.988/2020, já retocada por leis mais recentes, e que responde pelo papel de instituir a inovadora figura da transação no contencioso.

Daí se retirará, pensamos, um proveito pragmático nada desprezível sobre como encarar o presente e sobre o que esperar do porvir – modelando-o, quem sabe.

Afinal de contas, embora incontroláveis, os fatos da vida são em certa medida previsíveis: tanto melhor viveremos, quanto mais nos guiarmos por esse traço de previsibilidade, deixando no escaninho do incerto, sem sofrimento, apenas o que está além de nossa percepção limitada.

Paulo Cesar Conrado

Fernanda Donnabella Camano

SUMÁRIO

APRESENTAÇÃO .... **VII**

Parte 1

O PASSO A PASSO DO CICLO DE CONSTRUÇÃO DO CONTENCIOSO TRIBUTÁRIO BRASILEIRO

1. Da beligerância reprimida à "descompressão" irrefreada 1
2. Os efeitos do inflacionamento do contencioso no Judiciário: o início da reescritura do modo de exercício da atividade jurisdicional em matéria tributária 2
3. O papel "definitivizador" assumido pelo Código de Processo Civil de 2015 5
4. A definição das teses tributárias pelo Judiciário e o binômio "tempo" e "consistência": o surgimento da chamada "transação no contencioso" 6
5. Surgindo um novo paradigma 8

6. Aspectos que demonstram a relevância desse novo paradigma 8
7. Transição, não ruptura 8
8. Síntese do novo paradigma 9

Parte 2

O PARADIGMA DO (DES)CONTENCIOSO TRIBUTÁRIO: ELEMENTOS ESSENCIAIS E PROCESSO DE FORMAÇÃO

1. A marca do novo paradigma: a articulação combinada de jurisdição e transação 11
2. O contencioso pós-Constituição de 1988: retomando os primeiros passos do histórico 13
3. O protagonismo da advocacia privada na definição das teses pós Constituição de 1988 15
4. A força temporalmente transcendente dos julgamentos pós-Constituição de 1988 17
5. O nascimento das "teses-filhote" ou o "efeito rebote": retomando o segundo passo 18
6. A tese da exclusão das receitas financeiras das bases de cálculo do PIS e da Cofins 19
7. A tese da exclusão do ICMS das bases de cálculo do PIS e da Cofins 21
8. Da estruturação institucional da Procuradoria-Geral da Fazenda Nacional e da assunção de posição de destaque nos litígios tributários 22
9. O ressuscitamento da cobrança (execução fiscal) na perspectiva da PGFN 25

10. Dos atos normativos direcionados à cobrança do crédito tributário 26

Parte 3

A CONSOLIDAÇÃO DO NOVO PARADIGMA: O (DES) CONTENCIOSO TRIBUTÁRIO PARA ALÉM DE UM RASCUNHO TEÓRICO

1. O ambiente dialógico eficientemente estimulado pelo Código de Processo Civil de 2015 29
2. Os sucessivos atos normativos da "PGFN" tendentes a aproximar Fisco e contribuintes 31
   2.1 A Portaria PGFN n. 502/2016 32
   2.2 A Portaria PGFN n. 33/2018 33
   2.3 As Portarias PGFN n. 360/2018 e n. 742/2018 35
3. A Lei n. 13.988/2020 como reflexo do percurso seguido pela PGFN 36

Parte 4

A TRANSAÇÃO DE TESE: PILAR DO "NOVO" (DES)CONTENCIOSO TRIBUTÁRIO

1. Uma primeira palavra sobre a (convencional) função jurisdicional 39
2. A jurisdição tributária 40

O (DES)CONTENCIOSO TRIBUTÁRIO: DA LITIGIOSIDADE ESCALAR À TRANSAÇÃO DE TESE

3. Jurisdição e transação no contencioso tributário fundado em tese 42
4. A origem normativa da transação tributária 43
5. A transação repressiva e a transação preventiva de conflitos: atribuindo sentido para o vocábulo "determinação" 45
6. Transação no contencioso em termos de eficácia: panorama geral 46
7. As peculiaridades eficaciais da transação no contencioso 48
    7.1 Retração da jurisdição 49
    7.2 A formação de documento que instrumentaliza o compromisso do sujeito passivo quanto à quitação do crédito tributário a que a demanda se refere 50
    7.3 O potencial reaparelhamento da jurisdição em versão executiva 51
    7.4 Extinção do crédito tributário a que a demanda se refere 52
    7.5 Contenção da judicialização em perspectiva futura 52
    7.6 Síntese pragmática 53
8. Duas particulares situações 54
9. Uma trava na formação de novos conflitos relacionados à tese transacionada 56
10. Transação de tese e sua conexão com o plano processual: indo além do presente 58
11. Retornando ao caso dos créditos inscritos em Dívida Ativa 61

PAULO CESAR CONRADO
FERNANDA DONNABELLA CAMANO

Parte 5

A PRAGMÁTICA DA TRANSAÇÃO DE TESE

1. Os objetivos da transação no contencioso 65
   1.1 O plano literal-normativo 66
   1.2 O plano metatransacional 67
   1.3 O plano individual 68
       1.3.1 Objetivos da Fazenda 69
       1.3.2 Objetivos do contribuinte 71
   1.4 Quadro-resumo 72
2. A dinâmica da transação no contencioso 73
   2.1 Passo "1" 73
   2.2 Do passo "1" para o "2" 74
   2.3 Do passo "2" para o "3" 74
   2.4 O passo "4" e sua variabilidade 75
   2.5 Do passo "4" para o "5" e o subsequente passo "6" ... 75
   2.6 O passo "7" 77
   2.7 Síntese 78
3. Elementos que dão suporte à opção pela via transacional (perspectiva fazendária) 78
   3.1 Relevância e disseminação da tese 79
   3.2 A inexistência de indicativos de solução da tese no ambiente jurisdicional 81
   3.3 A questão do tempo demandado para a solução em ambiente jurisdicional 82

3.4 A possível inconsistência da solução aparelhada em ambiente jurisdicional 83

3.5 O processo de formação da vontade do contribuinte na adesão 84

4. As exceções ao impedimento da "relitigação" (judicialização) da tese 85

    4.1 Superveniência de precedente em sentido contrário à tese transacionada 86

    4.2 Superveniência de lei alteradora da regra-matriz de incidência tributária ensejadora da tese 88

    4.3 A dúvida sobre a higidez do ato que formaliza a transação 89

    4.4 Sobre os efeitos da transação derivados 90

    4.5 Exceções à trava da litigação, as hipóteses enumeradas e o que não podemos deixar de considerar nesse contexto 91

5. O especial caso dos embargos à execução fiscal 92

6. Principiologia da transação no contencioso: voltando ao salto paradigmático 94

    6.1 Empatia 97

    6.2 Alteridade 98

    6.3 Dialogia 99

REFERÊNCIAS 101

Parte 1

O PASSO A PASSO DO CICLO DE CONSTRUÇÃO DO CONTENCIOSO TRIBUTÁRIO BRASILEIRO

1. Da beligerância reprimida à "descompressão" irrefreada

A Constituição Federal de 1988 foi a grande responsável pela abertura de espaço para a instalação do fenômeno, até então tímido, da processualidade antiexacional.

Então vestidas de conteúdo predominantemente teórico – o que chamamos, aqui, de "contencioso de tese" –, inúmeras foram as demandas que passaram a ser apetrechadas pelos contribuintes desde então.

Sobre os motivos que ensejavam, até aquele marco, uma espécie de repressão à litigiosidade tributária, não os conhecemos (talvez transbordem os limites de nossa experiência).

O (DES)CONTENCIOSO TRIBUTÁRIO:
DA LITIGIOSIDADE ESCALAR À TRANSAÇÃO DE TESE

O fato, porém, é que a Constituição de 1988 os rompeu, rompendo, por derivação, os acanhamentos até ali reinantes, de modo a ceder espaço para algo que, se hoje entendemos comum, nem sempre assim se apresentou.

Vivemos, pessoalmente, essa passagem histórica no início de nossas carreiras, ambos como advogados recém-formados, respirando o ar projetado por esse novo "modo de falar" sobre o direito tributário, em que a tônica era a beligerância em estado de massividade.

Poucas teses marcaram essa fase, é verdade. Todas, porém, fortemente articuladas pela doutrina (até ali, fonte altamente influenciadora da produção jurisprudencial), além de amplas a ponto de alcançarem um interminável número de contribuintes – um prato cheio para a multiplicação de processos, exatamente o que se verificou, sem freios, nos vinte anos seguintes.

Em sua maioria fundada em tema constitucional, esses casos foram tratados pelo Supremo Tribunal Federal depois de anos de debates, quase sempre em abono, mesmo que parcial, da postura sustentada pelos contribuintes.

Embora a história não se resuma a esses casos (constitucionais), foram eles, não temos dúvida, os que responderam por esse processo de agigantamento do contencioso judicial tributário a que nos referimos, influenciando, ferozmente, a realidade prática – com o estabelecimento, inclusive, de expressivas bancas voltadas para advocacia especializada em contencioso.

2. **Os efeitos do inflacionamento do contencioso no Judiciário: o início da reescritura do modo de exercício da atividade jurisdicional em matéria tributária**

O fenômeno da exponencialização de processos antiexacionais foi naturalmente transposto para o campo forense, não tardando a produzir uma indefectível modificação na organização do Poder Judiciário, sobretudo no que se refere à Justiça Federal, setor que ganhou a atenção (até então desconhecida) dos observadores da prática jurídica.

Natural: a reiteração de demandas, mormente quando fundadas em teses padronizadas, traria, com o inevitável assoberbamento judiciário, a necessária tomada de medidas adaptativas, abrindo espaço para um modo escalar de jurisdição – fenômeno altamente facilitado pela massificação do emprego dos computadores pessoais.

Nem de longe se pense, porém, que as coisas se deram como que num salto. Esse câmbio demorou um bocado!

O estado de atravancamento gerado pelo volume crescente de processos só foi captado, em termos normativos, muito tempo depois, quando o nível de comprometimento do fluxo judiciário já era um fato mais do que arraigado.

A primeira reação verificada em tal nível (o normativo, repita-se) foi materializada, com efeito, apenas em 2004, com a Emenda Constitucional n. 45, responsável, entre outras coisas, pela introdução da figura da repercussão geral, gênese do projeto de solução massiva-escalar das lides fundadas em tese.

A par desse primeiro encaminhamento, já era perceptível que o contencioso de tese, por sua carga predominantemente abstrata-teórica, guardava uma certa distância da realidade viva – aquela onde os fatos se processam.

Usando outros termos: ainda que vislumbrados os primeiros sinais de resolução acústica de processos (assim designados, metaforicamente, os processos multitudinários, derivação de teses jurídicas abertas) – com a prolação de decisão de mérito a respeito da (in)constitucionalidade da regra-matriz de incidência tributária, por exemplo –, os efeitos práticos desse juízo seguia(ria)m potencialmente indefinidos.

O (DES)CONTENCIOSO TRIBUTÁRIO:
DA LITIGIOSIDADE ESCALAR À TRANSAÇÃO DE TESE

A técnica da repercussão geral, então gestada como modelo de contenção dos efeitos destrutivos que a massividade do contencioso ensejava para a administração judiciária, não era suficiente, enfim – nem para o contribuinte, nem para o Fisco, tampouco para o Judiciário.

Poucos (e bons) atores do contencioso passaram a tratar suas teses, então, com o acréscimo de um apelo pragmático, num movimento incipiente àquele tempo (estamos falando da primeira década do século XXI) e que perdura, de certa forma, até hoje.

Tudo porque, olhando o sintoma (o intenso congestionamento do contencioso), o sistema optou por tratá-lo – ao sintoma, e apenas a ele, mas não a causa –, fazendo-o por meio de instrumentos que, como a repercussão geral, desejavam acelerar o julgamento das teses de fundo, mas não propriamente a resolução dos casos concretamente considerados.

O resultado não poderia ser outro: mesmo sem que se notasse, as medidas reativas então incorporadas ao nosso regime judiciário (como a figura da repercussão geral, insistimos no exemplo) seguiram paradoxalmente ineficazes, justa e precisamente porque da solução das teses não decorria a automática solução dos desdobramentos práticos dela provindos: solvia(e)-se a tese, mas os problemas concretos remanescia(e)m, enfatize-se.

Como "filhotes" (palavra comumente empregada, até hoje, para designar os processos que decorrem do julgamento de tese), outras tantas ações passaram a surgir como consequência das anteriormente julgadas, sendo vocacionados, os tais "filhotes", a tratar do campo fático, tal como para reforçar uma constatação desde antes detectável: medidas voltadas ao julgamento massivo de demandas fundadas em tese jurídica até poderiam ser bem intencionadas, mas, em rigor, não estavam aptas a resolver os problemas "concretos", aqueles que, conectados à "vida real", não poderiam ser eficazmente tratados (apenas) por instrumentos generalizantes.

3. O papel "definitivizador" assumido pelo Código de Processo Civil de 2015

O Código de Processo Civil de 2015, marco normativo mais recente, foi, talvez, o documento legal que percebeu esse problema a que nos referimos no tópico anterior de forma mais efetiva. O fez, à medida que, sem afastar as técnicas de solução massificada de lides fundadas em tese, dedicou alguma atenção ao campo "vivo", aquele onde a tese opera (ou deve operar) efeitos, mergulhando num movimento claramente pragmatista – é o que se vê, por exemplo, quando ele, o Código, preconiza a necessidade de motivação individualizada, ainda que o fundamento remoto do julgamento seja decisão proferida em julgamento de caso repetitivo.[2]

A par disso, o mais notável giro estabelecido pela legislação processual de 2015 parece vinculado a outro aspecto: o notório fortalecimento de meios alternativos, formal e/ou materialmente falando, à jurisdição.

Se é certo que o Judiciário não pode(ria) ser simplesmente tirado de cena no que se refere à composição de lides

---

2. Art. 489. (...)
(...)
§ 1º. Não se considera fundamentada qualquer decisão judicial, seja ela interlocutória, sentença ou acórdão, que:
I - se limitar à indicação, à reprodução ou à paráfrase de ato normativo, sem explicar sua relação com a causa ou a questão decidida;
II - empregar conceitos jurídicos indeterminados, sem explicar o motivo concreto de sua incidência no caso;
III - invocar motivos que se prestariam a justificar qualquer outra decisão;
(...)
V - se limitar a invocar precedente ou enunciado de súmula, sem identificar seus fundamentos determinantes nem demonstrar que o caso sob julgamento se ajusta àqueles fundamentos;
(...).

fundadas em tese jurídica, mormente as relativas à (in)constitucionalidade no plano tributário – afinal, não se resolve o problema de efetividade da operação por meio de sua singela eliminação –, seria de se pensar: sua participação seria essencial, como protagonista absoluto, na solução dos efeitos práticos dali, da tese, derivados?

A resposta a essa pergunta foi dada pelo Código e aos poucos vem repercutindo na prática tributária: não!

Fisco e contribuinte pode(ria)m tratar, independentemente do Judiciário, das derivações práticas das teses antiexacionais, momento em que, em vez de se colocar em confronto, posicionar-se-iam em convergência, utilizando-se, para isso, de instrumentos que só um sistema cooperativo (caso do Código de 2015) pode visualizar.

Eis o passo que nos aproxima da noção de (des)contencioso.

4. A definição das teses tributárias pelo Judiciário e o binômio "tempo" e "consistência": o surgimento da chamada "transação no contencioso"

À época do surgimento do Código de Processo Civil de 2015 (quando o histórico que traçamos já contaria com quase trinta anos), um problema (ou melhor, um par deles) passou a aditivar a busca por meios alternativos à jurisdição.

Em si mesma, a solução de teses pela via jurisdicional, além de demorada, foi se demonstrando persistentemente inconsistente no decorrer dos anos (ou melhor, de décadas), aspecto que, antes de denotar um defeito subjetivo da função (jurisdicional), tem muito mais a ver com uma característica objetivamente presente em lides tributárias de tese.

PAULO CESAR CONRADO
FERNANDA DONNABELLA CAMANO

É que, estando ordinariamente assentadas em premissas abstratas, em que as nuances individuais não são consideradas (lembre-se, foram poucos os atores do contencioso que perceberam a importância, desde quando a massificação se instalou, de outorgar algum nível de concretude pragmática em sua atuação, fazendo-o, porém, sem grande êxito), essas causas são julgadas em um nível de igual abstração, característica que, transposta para o campo da facticidade, parece não ser suficientemente consistente para invadi-lo.

Seria o caso de se (re)perguntar, com isso: conflitos sobre tese teriam que ser necessariamente resolvidos via jurisdição? Ou, como no caso dos "filhotes" práticos, não seria o caso de se submetê-los a outro(s) mecanismo(s), sobretudo o(s) que exorta(m) a substituição do estado de divergência (pressuposto lógico da beligerância) pelo de convergência?

A resposta a tal questão foi dada mais recentemente (cinco anos depois do advento Código de 2015) pela Lei n. 13.988/2020, diploma que, embora de alcance limitado à União, deu um grande e decisivo passo na direção dos valores firmados pelo Código de Processo Civil vigente – sobretudo no que tange à disposição cooperativa em que se inspira –, além de responder pelo histórico papel de fazer concreta a transação tributária em nosso sistema, depois de cinco décadas de latência do art. 171 do Código Tributário Nacional.

Além da designada "transação na cobrança", figura que se conecta aos conflitos gerativos de execução fiscal, referida lei prevê, de forma totalmente inovadora, a figura da "transação no contencioso", instrumento que substitui o exercício da jurisdição vinculada a processos antiexacionais multitudinários, seja qual for seu fundamento (inclusive o constitucional), de modo a abrir espaço para uma opção que liquida, num só passo, a problemática dicotomia sobre "tempo" e "(in)consistência" reinante na via judicial.

5. Surgindo um novo paradigma

Trinta e poucos anos depois da instalação do contencioso tributário massivo em nossa realidade, parece que um novo paradigma ganha corpo, finalmente: (i) vivemos a abertura propiciada pela Constituição de 1988, (ii) aplaudimos a judicialização tributária extremada (símbolo, em dado momento, da conquista democrática), (iii) presenciamos a transformação por ela gerada no ambiente da advocacia e, ao final, (iv) lidando com os efeitos colaterais de toda essa movimentação no âmbito judicial, estamos constatando que as lides sobre tese (inclusive as relacionadas à interpretação constitucional) talvez sejam resolvidas de forma pragmaticamente mais eficiente por outro caminho, em que a intervenção jurisdicional é dispensada.

6. Aspectos que demonstram a relevância desse novo paradigma

Essa forma de composição de conflito – em que as posturas divergentes cedem, sendo substituídas pelo consenso – atrai, de imediato, uma enorme vantagem: eficacialmente ambivalente, ela resolve a tese e, mais ainda, os efeitos práticos projetados, evitando "filhotes".

Mais do que isso, o problema do tempo da jurisdição a que nos referimos nos tópicos anteriores é naturalmente afastado, o mesmo se processando com a potencial inconsistência prática das decisões judiciais – uma vez diretamente tratados pelos interessados, esses efeitos prático-operacionais da solução da tese seriam por eles próprios superados.

7. Transição, não ruptura

Não sejamos literais, no entanto: nada do que estamos falando significa nem que viramos a página definitivamente (estamos vivendo um processo de gradual redefinição paradigmática) nem que o sistema de composição de conflitos tributários preexistente estaria (ou será) afastado.

Esse trânsito de paradigma, além de paulatino, nos conduz a um ambiente necessariamente multiportas, marcado pela importante figura a que nos dedicamos – de tom optativo e que, por isso mesmo, está submetida ao preenchimento de uma série de condições peculiares, a começar pela exteriorização, pelo Fisco, do desejo de transigir sobre conflitos derivados de tese, tudo devidamente averbado em edital –, sem prejuízo de outra(s), inclusive a jurisdicional.

Pois é justamente por supor que os sistemas confrontados – o jurisdicional (convencional) e o da transação (alternativo) – convivem, que à Fazenda caberia selecionar os temas tidos como passíveis de transação, assim especialmente os que não encontram, na via jurisdicional, encaminhamento definido, seja para que lado for – seria essa indefinição no ambiente jurisdicional que faria certas teses mais permeáveis aos problemas do tempo e da inconsistência desde antes referidos, atraindo, por consequência, o emprego da via transacional.

A *contrario sensu*, se a via jurisdicional já mostrou suficientes sinais de encaminhamento da tese, mesmo que esse juízo não se possa qualificar como definitivo, talvez não haja espaço para substitui-la (a jurisdição) pelo meio alternativo, visto que o que justifica seu emprego, pela Administração, só pode ser sua potencial superioridade eficacial.

8. Síntese do novo paradigma

Tomado o percurso histórico resumidamente apresentado como fonte de inspiração, poderíamos dizer, em arremate das ponderações até aqui feitas, que a "transação no contencioso fundado em tese" reteria a especial vocação de catalisar conflitos antiexacionais aparelhados de forma massiva, para os quais a via jurisdicional ainda não tenha oferecido indicativos de resposta.

Posta em dúvida a legitimidade de uma dada exigência, valeria, em suma, a ideia de mutualidade de concessões, não propriamente para dizer qual posição deve prevalecer (se a norma é constitucional ou inconstitucional, por exemplo), mas para afastar o estado de litigiosidade.

Usando termos mais diretos: sai de cena a divergência afirmada pelo contribuinte e entra, em seu lugar, a presunção de regularidade da exação, acrescida, porém, da outorga, pelo Fisco, de alguma(s) concessão(ões).

Essa a essência do paradigma que se abre, fechando o ciclo em que nos encontrávamos até então, de incontido agigantamento do estado de litigiosidade.

Parte 2

O PARADIGMA DO (DES)CONTENCIOSO TRIBUTÁRIO: ELEMENTOS ESSENCIAIS E PROCESSO DE FORMAÇÃO

1. **A marca do novo paradigma: a articulação combinada de jurisdição e transação**

Sendo o sistema para o qual nos dirigimos qualificado pela multiplicação de meios resolutivos – inseridos, nesse contexto, os que, como a transação de tese, supõem a combinação do esforço bilateral de Fisco e contribuinte, sem o atravessamento da vontade "substitutiva" do Estado-juiz –, é natural supor, ao menos no atual estágio evolutivo em que nos posicionamos, que, mesmo abordando teses transacionáveis, um certo volume de processos devem seguir na via jurisdicional.

Tal constatação é o quanto basta para que admitamos: a tese inerente a tais processos será mais cedo ou mais tarde tratada pelo Judiciário, com potencial julgamento tendente a abonar a posição de um ou de outro dos envolvidos.

O (DES)CONTENCIOSO TRIBUTÁRIO:
DA LITIGIOSIDADE ESCALAR À TRANSAÇÃO DE TESE

Essa situação – que pode ser lida como indesejável antinomia – não deve impressionar negativamente: a transação, além de optativa e não supressiva da jurisdição, com ela conviverá – e nós temos que aprender a lidar com essa pluralidade!

Além disso, realcemos: a transação não é instrumento resolutivo em que se substitui, como faz a jurisdição, a vontade das partes. Nela, na transação, as vontades convergem, desaparecendo o conflito, que fica insubmisso, ao menos no que se refere aos efeitos que já projetou, à eficácia dos julgamentos ocorridos em ambiente judicial.

Destacamos esse ponto desde logo (ele deve ser desenvolvido mais adiante) porque, embora altamente desafiador, é a partir dele que se vislumbra uma das mais importantes marcas do "novo contencioso" [ou (des)contencioso, como gostamos de falar]: nele, a imposição da vontade revelada pela jurisdição, embora um imperativo do Estado Democrático de Direito, só tem sentido quando os destinatários da norma pelo Judiciário são portadores de vontades divergentes, estado antônimo ao que se verifica no ambiente da transação.

Mantido esse quadro, é vislumbrável a tendência de sairmos do posto de País dos mais beligerantes, marcado pela jurisdicionalização extremada, para uma posição ainda inédita, em que os atores do fenômeno conflituoso o reescrevem, "descontaminando-se" da intransigência típica dos regimes altamente belicosos.

Maturidade, responsabilidade, pragmatismo assumem, nesse cenário, induvidoso protagonismo, representando o crepúsculo de um ciclo, assim já sugerimos ao final da "Parte 1", com a perspectiva de redefinição do papel do contencioso.

PAULO CESAR CONRADO
FERNANDA DONNABELLA CAMANO

2. O contencioso pós-Constituição de 1988: retomando os primeiros passos do histórico

O advento da Constituição Federal de 1988 trouxe consigo uma espécie de reposicionamento estratégico-processual por parte dos contribuintes, fundado, basicamente, na produção de teses que colocavam em dúvida a legitimidade de certas exações, no mais das vezes sob o argumento de sua inconstitucionalidade.

Para nos atermos às discussões de grande relevância econômica, então geradas com o Fisco Federal, debaixo das circunstâncias antes descritas, destacamos os litígios sobre a exigência:

> (i) da contribuição ao Finsocial,[3] mantida pelo art. 56 do ADCT (para as empresas comerciais e mistas), nos termos do Decreto-lei n. 1.940/82, e instituída (para as empresas exclusivamente prestadoras de serviços) pela Lei n. 7.689/88,
>
> (ii) da Contribuição Social sobre o Lucro, criada pela Lei n. 7.689/88,[4]

---

3. O art. 56 do ADCT dispôs que o Decreto-lei n. 1.940/1982 se manteria em vigor (em relação à exigência sobre o faturamento) até a edição da lei a que se referia a redação originária do art. 195, I, da Constituição. Os contribuintes colocaram em dúvida a exigência da contribuição ao Finsocial para as empresas comerciais e mistas, após a edição da Constituição de 1988. No recurso extraordinário 150.764/PE (j. em 16/12/1992), o Supremo Tribunal Federal declarou inconstitucional o art. 9º da Lei n. 7.689/88 (e atos normativos que o alteraram), compreendendo que a contribuição ao Finsocial incidiria nos moldes do Decreto-lei n. 1.940/82, à alíquota de 0,5% sobre o faturamento auferido pelas empresas comerciais e mistas, de modo a afastar as majorações de alíquota, até a instituição da Cofins, pela Lei Complementar n. 70/1991. Por sua vez, no Recurso Extraordinário 150.755/PE (j. em 18/11/1992), a dúvida dizia respeito à exigência da contribuição ao Finsocial para as empresas exclusivamente prestadoras de serviços. O Supremo Tribunal Federal considerou constitucional o art. 28 da Lei n. 7.738/89 que a instituiu (e, como consequência, válidas as majorações de alíquota perpetradas pela legislação superveniente).

4. Os contribuintes se insurgiram em face da exigibilidade da Contribuição Social sobre o Lucro, alegando que a Lei n. 7.689/88 era materialmente viciada, posto que empregava a mesma base de incidência do imposto sobre a renda, além de formalmente defeituosa (desta feita, pela necessidade de edição de lei complementar). No Recurso Extraordinário 138.284/CE (j. em 01/07/1992), a Suprema Corte compreendeu pela legitimidade da exigência.

O (DES)CONTENCIOSO TRIBUTÁRIO:
DA LITIGIOSIDADE ESCALAR À TRANSAÇÃO DE TESE

(iii) da Contribuição ao PIS, exigida pela Lei Complementar n. 7/70,[5] e

(iv) da Contribuição para o Financiamento da Seguridade Social (Cofins), veiculada pela Lei Complementar n. 70/91.[6]

Difundiu-se, a partir desses casos, uma prática massificada na advocacia contenciosa judicial tributária,[7] realidade anos mais tarde captada, no plano normativo, pelo advento da repercussão geral (Emenda Constitucional n. 45/2004) e da metodologia de julgamento de casos repetitivos (Leis n. 11.418/2006 e n. 11.672/2008), tendo-o sido, da mesma forma, para fins de qualificação, pela Lei n. 13.988/2020, dos conceitos de "relevância" e "disseminação".

Como já sinalizamos, essa litigiosidade massiva a que nos reportamos não se esgotava com a produção, pelo Supremo Tribunal Federal, de decisão de mérito a respeito da (in)constitucionalidade da regra-matriz de incidência tributária, sendo de todo comum, após o retorno dos processos às seções judiciárias de origem, a instauração de novos litígios (ou sublitígios) acerca de dois temas:

---

5. Com relação à Contribuição ao PIS, os contribuintes alegavam que o tributo não poderia ser exigido nem nos termos da Lei Complementar n. 7/70, nem em decorrência das alterações veiculadas pelos Decretos-leis ns. 2.445 e 2.449/88. No Recurso Extraordinário 148.754/RJ (j. em 24/06/1993), o Supremo Tribunal Federal afastou apenas a exigência nos moldes dos mencionados decretos-leis.

6. No que tange à Cofins, os contribuintes atacavam sua exigibilidade ao suscitar a existência de vício material (derivado da impossibilidade de eleição da mesma base de incidência da Contribuição ao PIS) e formal (exigência de lei complementar). Na ação direta de constitucionalidade 1-1/DF (j. em 1º/12/1993), o Supremo Tribunal Federal considerou a Cofins constitucional.

7. Para comprovar tal assertiva, verifique-se a petição inicial da ação declaratória de constitucionalidade 1-1/DF (COFINS), ajuizada pelas Mesas da Câmara dos Deputados e do Senado Federal: "A União Federal tem o justo receio de que o número de ações venha a crescer de maneira expressiva e atinja os desastrosos níveis ocorridos quando da discussão travada a respeito do FINSOCIAL."

(i) qual parcela dos depósitos judiciais (se realizados) deveria ser atribuída ao Fisco e aos contribuintes,[8] e

(ii) quais os critérios de juros e correção monetária aplicáveis aos valores a restituir, além de incidentes sobre os precatórios complementares (àquela época, a restituição do indébito via precatório era procedimento usual, à medida que a Lei n. 8.383/91, então regente da compensação, limitava a compensabilidade aos tributos e contribuições da mesma espécie, além de determinar a correção monetária do indébito pela UFIR). Obviamente, essas questões foram alvo de discussão igualmente massiva perante o Poder Judiciário.

3. O protagonismo da advocacia privada na definição das teses pós Constituição de 1988

Entre 1992 e 1993, o Supremo Tribunal Federal decidiu os litígios a que nos referimos no tópico precedente (os relativos ao Finsocial, à Contribuição sobre o Lucro, ao PIS e à COFINS), interpretando as múltiplas incidências à luz do Texto Constitucional de 1988.

E o fez, esse é o ponto a realçar, com visível apoio em estudos elaborados pelos juristas então dedicados ao assunto.

Em tal período, a doutrina tributária, claramente protagonizada por integrantes da advocacia privada, retinha papel de destaque, com efeito, contribuindo decisivamente para a formação de uma visão tributariamente garantista e que repercutia em medida considerável na jurisprudência do Supremo Tribunal Federal.

Basta verificar, como exemplo dessa realidade, trechos dos votos exarados no julgamento dos casos relativos ao

---

8. Nos casos relativos, por exemplo, à Contribuição ao Finsocial (em que as empresas comerciais e mistas obtiveram decisão reconhecendo a ilegitimidade das majorações de alíquota acima de 0,5% de modo que, da totalidade dos depósitos calculados à alíquota de 2,0%, cabia à União apenas a parcela de 0,5%), ou à Contribuição ao PIS (diferença entre o devido pela Lei Complementar n. 7/70 e o que o seria em função dos Decretos-leis ns. 2.445 e 2.449/88).

O (DES)CONTENCIOSO TRIBUTÁRIO:
DA LITIGIOSIDADE ESCALAR À TRANSAÇÃO DE TESE

Finsocial e ao PIS,[9] remissivos, tais excertos, a argumentos contidos em estudos elaborados por notórios tributaristas atuantes, seja para tomá-los, seja para refutá-los.

Ainda que o conhecimento a respeito da matéria tributária estivesse restrito – ao menos de forma ostensiva – a uma parcela de especialistas, suas lições espraiaram-se na comunidade jurídica, fato responsável pela massificação dos temas, com o paralelo efeito anabolizante dos departamentos dedicados ao contencioso judicial nos escritórios de advocacia.

Do outro lado dessa verdadeira agitação intelectual, a Procuradoria-Geral da Fazenda Nacional (PGFN) seguia tímida tanto no que se refere a suas funções como no que toca a seu potencial papel de produção dogmática.

Era como se sua atuação, frente aos litígios então postos pelos contribuintes, fosse marcada por uma quase total passividade, bastando consultar, nesse sentido, o caso relativo à Contribuição Social sobre o Lucro (Lei n. 7.689/88): decisões favoráveis aos contribuintes foram tornadas definitivas, tendo a União perdido o prazo então aplicável para o ajuizamento de ações rescisórias mesmo após a prolação de decisão, pelo Supremo Tribunal Federal, considerando legítima a respectiva cobrança.

---

9. Citem-se trechos do voto do Ministro Sepúlveda Pertence (Recurso Extraordinário 150.755/PE): "... sirvo-me da preciosa síntese de um dos memoriais que tem ilustrado a discussão deste caso, o dos doutos tributaristas Gilberto de Ulhoa Canto e J. D. Cordeiro Guerra..."; "... Nessa linha, impressionou-me fundamente a cerrada argumentação desenvolvida em seus estudos por Ataliba e Giardino (...), Misabel Derzi (...)"; "... a que me induziram o relevo da causa e a atenção devida aos valiosos trabalhos da advocacia...". Ainda, assevera o Ministro Francisco Rezek (Recurso Extraordinário 150.764/PE): "E não há a menor dúvida quanto à maestria com que se desenvolveu a tese dos contribuintes frente à Fazenda Pública, tese essa que se articulou (...), a irmanar juristas como os Professores Ives Gandra e Geraldo Ataliba." Por fim, o Ministro Carlos Velloso (Recurso Extraordinário 148.754/RJ) evoca às expressas as lições de Geraldo Ataliba e Rubens Gomes de Sousa.

PAULO CESAR CONRADO
FERNANDA DONNABELLA CAMANO

4. A força temporalmente transcendente dos julgamentos pós-Constituição de 1988

As discussões tributárias de que tratamos serviram como verdadeiro marco da interpretação constitucional do direito tributário, levando o Supremo Tribunal Federal a definições, sempre pelo ângulo da Constituição, que até hoje nos perseguem – assim, por exemplo, quanto à fixação das espécies tributárias[10] e, da mesma forma, quanto aos parâmetros para o exercício da competência impositiva da União.

Exemplo da força ostentada por esses conceitos pode ser extraído do voto do Ministro Carlos Velloso, no Recurso Extraordinário 150.755/PE (Finsocial das empresas exclusivamente prestadoras de serviços): para considerar o art. 28 da Lei n. 7.738/89 em conformidade com o Texto Constitucional, restou ali afirmado que o conceito de receita bruta eleito pelo dispositivo correspondia ao de faturamento.[11]

Esse raciocínio oficiou como base para os contribuintes contestarem a exigibilidade do PIS e da Cofins, nos termos do então vigente § 1º do art. 3º da Lei n. 9.718/98, sustentando-se que a Constituição, na redação originária do art. 195, inciso I, permitia a incidência sobre o faturamento das pessoas jurídicas (equivalente à receita bruta da venda de

---

10. No Recurso Extraordinário 138.284/CE (CSL), o Supremo Tribunal Federal fixou as seguintes espécies tributárias: a) impostos; b) taxas; c) contribuições, subclassificando-as em c.1) de melhoria; c.2) parafiscais, que são c.2.1) sociais, c.2.1.1) da seguridade social (arts. 195, I a III); c.2.1.2) outras (também da seguridade social; art. 195, par. 4º); c.2.1.3) sociais gerais; c.3) especiais, subclassificadas em c.3.1) de intervenção no domínio econômico e c.3.2) corporativas; e d) os empréstimos compulsórios. Tal classificação foi utilizada para criação de outras teses tributárias.

11. Para compatibilizar o art. 28 da Lei n. 7.738/89, que instituiu a Contribuição ao Finsocial das empresas exclusivamente prestadoras de serviços incidente sobre a *receita bruta*, ao art. 195, I, da Constituição, que delimitava a competência da União para instituir contribuição social sobre o *faturamento*, o Supremo Tribunal Federal adotou a interpretação conforme, de modo que o conceito de receita bruta enquadrava-se no de faturamento, de acordo com a disciplina do Decreto-lei n. 2.397/87 (que alterou os parágrafos 1º e 4º do art. 1º do Decreto-lei n. 1.940/82).

bens e da prestação de serviços), de modo que a grandeza erigida pela sobredita lei (totalidade das receitas auferidas pela pessoa jurídica) destoava da própria orientação do Supremo Tribunal Federal.

5. O nascimento das "teses-filhote" ou o "efeito rebote": retomando o segundo passo

Fundando-se em tese, os litígios massivos atraíram, a princípio, "soluções teóricas", assim entendidas as que se despem de referencial direto com o plano concreto.

Esse panorama tornou-se ainda mais evidente com o advento da Emenda Constitucional n. 45/2004.

Dada a necessidade de implementar um meio eficiente para o enfrentamento das demandas despejadas no Poder Judiciário, instituiu-se, com efeito, mecanismo que impunha (e impõe até hoje) que os recursos extraordinários, para serem processados e analisados, devessem transcender o interesse individual, além de revelarem a importância da controvérsia nos planos econômico, político, social ou jurídico.

A exigência de relevância e de disseminação da tese perante a sociedade implicava a produção, pelo Supremo Tribunal Federal, de "decisão-modelo", verdadeira norma abstrata e geral com viés de paradigma, solidificando-se seu distanciamento do plano da concretude.

Não haveria, nessa opção, um problema (concreto) digno de nota, dada a possível limitação competencial da Suprema Corte.

O fato, entretanto, é que essas decisões passaram a ser replicadas pelos demais julgadores do País, numa espécie de operação massificada que, se permitia a pronta finalização dos processos, por um lado, deixava em aberto a solução das possíveis particularidades ostentadas por cada caso.

Tal situação acabou por produzir um efeito "rebote", assim diagnosticado com o retorno ao Judiciário – também aos baldes e de forma ainda mais complexa – de questões práticas não solucionadas pela "decisão-modelo". Eis as denominadas "teses-filhote".

Dois exemplos são bastante elucidativos a respeito desse estado de coisas, ambos extraíveis do Anexo de Riscos Fiscais elaborado por ocasião do envio do Projeto de Lei de Diretrizes Orçamentárias 2020 para o Congresso Nacional.[12] Nesse documento, os dois primeiros temas considerados de maior impacto no orçamento federal são:

> (i) a exclusão do ICMS das bases de cálculo do PIS e da Cofins, e
>
> (ii) a exclusão das receitas financeiras das bases de cálculo daquelas contribuições – ambos assuntos intimamente ligados ao fenômeno do "contencioso de rebote".

6. A tese da exclusão das receitas financeiras das bases de cálculo do PIS e da Cofins

Em 1998, a Lei n. 9.718 determinou que o PIS e a Cofins incidissem sobre a totalidade das receitas auferidas pela pessoa jurídica, independentemente de sua origem e da classificação contábil por ela adotada.[13]

Os contribuintes ingressaram maciçamente com ações objetivando atacar a exigibilidade das contribuições de acordo com a grandeza erigida por aquela regra, fazendo-o sob o fundamento de sua inconstitucionalidade (violação ao art. 195, inciso I, em sua redação originária).

---

12. Disponível em: https://sisweb.tesouro.gov.br/apex/f?p=2501:9::::9:P9_ID_PUBLICACAO:31478, Acesso em: 28 maio 2020.

13. Dispunha o revogado § 1º do art. 3º: "Entende-se por receita bruta a totalidade das receitas auferidas pela pessoa jurídica, sendo irrelevantes o tipo de atividade por ela exercida e a classificação contábil adotada para as receitas."

O (DES)CONTENCIOSO TRIBUTÁRIO: DA LITIGIOSIDADE ESCALAR À TRANSAÇÃO DE TESE

Em 2005, o Supremo Tribunal Federal decidiu que a base de cálculo adotada pela Lei n. 9.718/98 era inconstitucional,[14] devendo as contribuições incidirem sobre o faturamento (receita bruta da venda de bens e da prestação de serviços).

Naquela oportunidade, contudo, o Ministro Cezar Peluso ressalvou, em seu voto, que o conceito de faturamento sofreu alterações de modo que, nos dias atuais, se definiria pela "soma das receitas oriundas do exercício das atividades empresariais."

Os tribunais e julgadores do País passaram a aplicar aos casos pendentes a decisão proferida no *leading case*, afastando a ideia de "totalidade das receitas" como base de cálculo daquelas contribuições. O fizeram dando provimento aos recursos dos contribuintes e negando, por outro lado, os interpostos pela União.

Não tardou, todavia, para que dado grupo de contribuintes – mais propriamente as instituições financeiras e as sociedades seguradoras – retornassem ao Judiciário, por força da interpretação atribuída pela União à decisão paradigma: se o faturamento abrange as receitas próprias das atividades empresariais, então os juros, o *spread* e os rendimentos financeiros obtidos em virtude da aplicação de recursos relativos às reservas técnicas no mercado financeiro deveriam submeter-se à tributação, por consistirem em expressão monetária do resultado daquelas atividades – mais de duas décadas após a edição da Lei n. 9.718/98 e quinze anos depois da decisão do *leading case*, essa derivação da discussão inicial persistia, pois, por ser decidida.[15]

---

14. Recurso Extraordinário 390.840/MG (Rel. Min. Marco Aurélio, Tribunal Pleno, DJ 15/08/2006).

15. Ver Recursos Extraordinários 609.096/RS e 880.143/MG, ambos de relatoria do Min. Ricardo Lewandowski, aguardando julgamento de mérito.

7. A tese da exclusão do ICMS das bases de cálculo do PIS e da Cofins

Logo após o advento da Constituição Federal de 1988, foram ajuizadas incontáveis demandas colocando em dúvida a legitimidade da inserção do ICMS nas bases de cálculo do PIS e da Cofins. Argumento central: o tributo estadual representaria receita do Estado, violando-se, assim, o conceito constitucional de faturamento.

Após longo debate,[16] o Supremo Tribunal Federal iniciou, em 1999, o julgamento do Recurso Extraordinário 240.875/MG,[17] interposto antes da Emenda n. 45/2004, paralisado com pedido de vista do Ministro Nelson Jobim e concluído em 2014 favoravelmente aos contribuintes.

Paralelamente, em 2007, foi ajuizada a ADC 18[18] com vistas à declaração de constitucionalidade da inclusão do ICMS nas bases de cálculo daquelas contribuições. Tal demanda foi tida como prejudicada quando do julgamento, em 2017, do Recurso Extraordinário 574.706/PR, com a fixação da seguinte tese: "o ICMS não compõe a base de cálculo para fins da incidência do PIS e da Cofins".

A União opôs embargos de declaração, suscitando, dentre outros argumentos, que o ICMS a ser decotado das bases de cálculo das contribuições seria o que foi efetivamente recolhido aos cofres públicos e não o destacado nas

---

16. Inclusive, no âmbito do Superior Tribunal de Justiça, editaram-se as Súmulas 68 e 94, as quais dispõem, respectivamente: "A parcela relativa ao ICM inclui-se na base de cálculo do PIS", e "A parcela relativa ao ICMS inclui-se na base de cálculo do Finsocial". Por força do julgamento de questão de ordem nos Recursos Especiais 1.624.297/RS; 1.629.001/SC e 1.638.772/SC, foi determinado o cancelamento de tais Súmulas, na sessão de 27/03/2019.

17. Nos autos deste processo, discutia-se a exclusão do ICMS da base de cálculo da COFINS.

18. Esta ADC foi ajuizada em 2007 pelo Presidente da República, com vistas à declaração de constitucionalidade do art. 3º, § 2º, I, da Lei n. 9.718/98.

notas fiscais. Tal entendimento ensejou o pronunciamento da Receita Federal que, em 23/10/2018, publicou a Solução de Consulta Interna COSIT 13 no mesmo sentido.

Conclusão: muito embora os tribunais do País seguissem aplicando a decisão paradigmática indistintamente, a "tese-filhote" (qual o ICMS deve ser excluído, o recolhido ou o destacado?) fazia retornar o conflito ao Judiciário, nítida constatação da nada incomum ineficiência pragmática dos julgamentos teóricos (de tese).

8. Da estruturação institucional da Procuradoria-Geral da Fazenda Nacional e da assunção de posição de destaque nos litígios tributários

À cena descrita nos tópicos anteriores – com exemplos demonstrativos do alto nível de beligerância tributária que passamos a experimentar pós 1988, assim como da armadilha em que se colocava a jurisdição "escalar" exercida a partir de metodologias como a da repercussão geral –, um outro fenômeno, tão ou mais importante, passou a ser reconhecível: a redefinição prática dos papéis desempenhados pela PGFN.

Como dito, o órgão carecia de mínima proeminência no trato das questões tributárias então surgidas – seja no ambiente dogmático, seja no pragmático –, permitindo-se um quê de apatia frente à ofensividade retida pela advocacia privada.

Pois foi esse estado de passividade que se rompeu, redesenhando-se uma importante peça no mapa que nos dá compreensão sobre "de onde viemos", "onde estamos" e, muito provavelmente, "para onde vamos".

Para entender como se operou tal transformação – assumindo a PGFN, nos dias atuais, indisfarçável papel de destaque na formação da jurisprudência dos Tribunais Superiores, na condução dos casos concretos que lhe são correlatos e na produção doutrinária –, é preciso olhar para a evolução de sua atuação, fundamentalmente assentada em normativos que contam claramente uma parte dessa história.

Conforme consta de estudo publicado na Revista da PGFN (*A PGFN – Procuradoria-Geral da Fazenda Nacional*),[19] na República Velha, por força do Decreto 7.751/09, ao órgão[20] era atribuída função consultiva, ordinatória e executiva,[21] não lhe cabendo a representação em juízo dos interesses da Fazenda Pública, estado que persistiu até a edição da Constituição de 1988.

Esse fato explica, em grande medida, a razão pela qual, nos primeiros anos de vigência do Texto de 1988, as discussões judiciais tributárias de iniciativa dos contribuintes contavam apenas com o subsídio teórico de respeitados juristas advindos da advocacia privada.

Foi apenas em 1995, com a edição da Medida Provisória 1.101 (sucessivamente reeditada até a versão 2.176-79/2001, posteriormente convertida na Lei n. 10.522/2002), que se definitivizou o aprimoramento da atuação da PGFN no contencioso, resultado obtido, por caminhos até hoje aplaudidos, como o da legitimação da dispensa de recurso em situações como as relacionadas a matérias pacificadas pelo Supremo Tribunal Federal e pelo Superior Tribunal de Justiça e que tenham sido objeto de ato declaratório do Procurador-Geral da Fazenda Nacional, aprovado pelo Ministro de Estado da Fazenda.

Mais orgânica, mas tão fundamental quanto qualquer regra de incremento da atuação do órgão, foi sua

---

19. Conforme http://www.pgfn.fazenda.gov.br/centrais-de-conteudos/publicacoes/revista_pgfn.pdf, Acesso em: 28 maio 2020. A introdução de tal estudo foi elaborada por Ricardo Oliveira Pessôa de Souza.

20. Nesta época, a sua denominação era Procuradoria-Geral da Fazenda Pública, até a edição da Lei n. 2.642/55.

21. Dispõe o art. 114: "A competencia da Procuradoria Geral da Fazenda Publica compreende o exercicio de funcções de caracter consultativo, de indole ordinativa, e de acção deliberativa." (atividades estas especificadas nos arts. 115 a 117).

redefinição estrutural, circunstância que implicou o surgimento de ramificações especializadas – como a Adjuntoria de Consultoria e Estratégia da Representação Judicial e Administrativa Tributária (PGACET)[22] e a Adjuntoria de Gestão da Dívida Ativa da União e do FGTS (PGDAU).

O mesmo estudo a que nos reportamos dá conta, por outro lado, da regulamentação do funcionamento do Conselho de Gestão Estratégica (CGE), órgão que que passa a implementar o planejamento estratégico da PGFN a partir de 2011, e cujo objetivo, para o período de 2017 a 2020, consistiu no aprimoramento da gestão da dívida ativa e na garantia da uniformidade e coerência das orientações jurídicas seguidas.[23]

E é notável, de fato, que, com essa configuração paulatina e discretamente iniciada em 1995, a PGFN passou a atuar de forma mais assertiva tanto nos Tribunais Superiores, como na cobrança de sua dívida ativa.

Visto em dinâmica histórica, esse conjunto de fatos aponta para uma espécie de remobilização do órgão frente à postura ativa retida, até ali, apenas pelos contribuintes. Do ponto neutro em que se situava, em suma, a PGFN assumiu o importante papel de agente proativo, influenciador, em equilíbrio, no processo de formação das decisões produzidas pelos Tribunais Superiores, a exemplo do que se vê no tão difundido Parecer PGFN/CRJ 492/2011, cujo teor serviu de base para a decisão monocrática proferida nos embargos de declaração nos embargos de divergência no Recurso Especial 841.818/DF.[24]

---

22. A PGACET é assim composta: Coordenação-Geral da Representação Judicial da Fazenda Nacional – CRJ, Coordenação do Contencioso Administrativo Tributário – COCAT, Coordenação de Atuação perante o Superior Tribunal de Justiça – CASTJ e Coordenação de Atuação Judicial perante o Supremo Tribunal Federal – CASTF.

23. Disponível em: http://www.pgfn.fazenda.gov.br/acesso-a-informacao/institucional/planejamento-estrategico/mapa_estrategico_hor2.jpg/image_view_fullscreen. Acesso em: 22 maio 2020.

24. Destaca o Ministro Napoleão Nunes Maia Filho: "Esse dilema jurídico (mas também ético) não foi ignorado pelos zelosos Procuradores da Fazenda Pública Nacional, quando o apreciaram com o ânimo de equalizar os seus termos, no Parecer

Mas não era só: indo além das operações prático-funcionais que lhe são próprias, a PGFN passou a se fazer presente nos círculos acadêmicos, ademais de colaborar na produção doutrinária, com publicações como o "Novo Código de Processo Civil Comentado na Prática da Fazenda Nacional"[25] e o "Microssistema de Recuperação do Crédito Fiscal".[26]

Abriu-se o órgão, com isso, para toda a comunidade jurídica em termos de dialogia sobre conteúdos teóricos, além de estruturar, em forma mais densa, sua posição de agente prático, com inusitada força sobre os destinos decisórios em ambiente judicial.

Em suma: se na primeira década (talvez um pouco mais) de vigência da Constituição Federal de 1988 eram os advogados dos contribuintes que atuavam sem praticamente nenhuma oposição efetiva, a partir de então outro panorama se formou, densificando-se passo a passo a atuação da PGFN, a ponto de se a enxergar, hoje, como protagonista na definição dos rumos do contencioso judicial tributário.

9. O ressuscitamento da cobrança (execução fiscal) na perspectiva da PGFN

Muito embora o tema da cobrança do crédito tributário (por meio de execução fiscal) não seja diretamente relacionado ao contencioso judicial tributário nos moldes ora tratados (estamos retidos, aqui, sobre as demandas antiexacionais fundadas em tese), é importante trazê-lo a

---

PGFN/CRJ 492 (DOU 26.05.2011), elaborado com alta prospectividade jurídica..." (DJ 02/02/2012).

25. Coord. Rogério Campos, Claudio Xavier Seefelder Filho, Sandro Brandi Adão, Leonardo Rufino de Oliveira Gomes e Cristiano Dressler Dambros. São Paulo: Thomson Reuters Revista dos Tribunais, 2017.

26. Coord. Flávia Palmeira de Moura Coelho, Pablo Galas Pedrosa e Rogério Campos. São Paulo: Thomson Reuters Revista dos Tribunais, 2019.

contexto para fins de integralização do histórico de mudança de postura da PGFN.

Alguns ingredientes contribuíam, no passado, para que a cobrança permanecesse num campo sombrio – característica que predominou até o giro comportamental da PGFN.

Um desses ingredientes já foi apresentado: as significativas decisões favoráveis obtidas pelos contribuintes em questões como a do Finsocial das empresas comerciais e mistas, como a do PIS com base nos Decretos-leis ns. 2.445 e 2.448/88 e como a do PIS e da Cofins nos termos da Lei n. 9.718/98.

Associado a isso, desde 2000, foram editados sucessivos parcelamentos especiais,[27] o que fez operar, ao menos em relação aos litígios em que a União sagrara-se vitoriosa, o ajuste de pagamento voluntário diferido, impedindo-se a propositura e/ou o desenvolvimento de executivos fiscais.

Tal cenário – de anemia em relação à cobrança do crédito tributário – alterou-se mais radicalmente, todavia, com a assunção, pela PGFN, de uma postura verdadeiramente inovadora e que ia muito além da oferta de parcelamentos "comuns", formatando o embrião do regime hoje vigente.

10. Dos atos normativos direcionados à cobrança do crédito tributário

Em 2016, a PGFN editou sua Portaria 396, documento que instituiu o "Regime Diferenciado de Cobrança de Créditos Tributários" (RDCC), matriz de uma série de medidas de otimização da atuação do órgão na atividade de cobrança – dentre elas, o acompanhamento prioritário das

---

27. O primeiro parcelamento especial no âmbito federal deu-se por meio da Lei n. 9.964/2000 (REFIS). Cite-se, ainda, a Lei n. 10.684/2003 (PAES); a Medida Provisória n. 303/2006 (PAEX); a Lei n. 11.941/2009 (Refis da Crise); a Lei n. 12.996/2014 (Refis da Copa), dentre outros parcelamentos, bem como demais atos normativos que previram reabertura de prazos para ingresso nesses programas.

execuções fiscais devidamente garantidas objetivando a aceleração de sua solução.

No ano seguinte, o órgão publicou a Portaria 948, responsável pelo estabelecimento do "Procedimento Administrativo de Reconhecimento de Responsabilidade" (PARR), via apta a construir o fato jurídico da responsabilidade de terceiros quando da constatação da dissolução irregular da pessoa jurídica devedora.

Ainda nessa sequência histórica, em 2018, sobreveio a Lei n. 13.606,[28] que passou a prescrever novos procedimentos no bojo da cobrança do crédito tributário – todos evidentemente tendentes à ampliação da eficiência (o fez, prevendo, por exemplo, a averbação da Certidão de Dívida Ativa nos órgãos de registros competentes, além de autorizar o ajuizamento seletivo, medida que representa, na prática, a submissão do ajuizamento à prévia verificação de patrimônio útil à satisfação dos créditos pendentes).

Referida lei[29] dispôs, ainda, sobre a possibilidade de a PGFN "instaurar procedimento administrativo para apuração de responsabilidade por débito inscrito em dívida ativa da União", de modo a outorgar fundamento de validade à Portaria PGFN n. 948/2017, fato denotativo da clara articulação entre as premissas normativas do órgão com as do Poder Legislativo – que passa a direcionar a produção de normas que ancorem as orientações primitivamente incorporadas apenas em diplomas infralegais.

O ápice de tudo, porém (quando menos no olhar que estamos dando ao tema), veio logo depois, com a Portaria PGFN n. 33/2018, regulamentando disposições da Lei n. 13.606/2018, ademais de prescrever outras providências destinadas à atribuição de eficiência na cobrança do

---

28. O art. 25 acresceu os arts. 20-B; 20-C; 20-D e 20-E à Lei 10.522/2002.

29. A qual acrescentou o art. 20-D, III à Lei 10.522/2002.

crédito tributário[30] e à redução da litigiosidade,[31] tudo com claro fundamento no Código de Processo Civil, na Lei n. 6.830/80 e no Código Tributário Nacional.[32]

A despeito de habitar o piso da pirâmide normativa, referido ato pode e deve ser lembrado como marco do movimento a que estamos nos reportando e que não se limita à reescritura da PGFN, mas à redefinição das lentes pelas quais passamos a enxergar o contencioso tributário – um ponto que merece ser detalhado.

---

30. A exemplo da imposição de estímulos negativos (ou sancionatórios), como o protesto da Certidão de Dívida Ativa (dentre inúmeras outras previstas nos incisos II a XVII do art. 7º).

31. Cite-se a possibilidade de antecipação de garantia pelo contribuinte no âmbito administrativo (art. 6º, II, "a").

32. Conforme leciona Juliana Furtado Costa Araújo no artigo intitulado "A efetividade da cobrança do crédito tributário federal como fundamento legitimador da Portaria PGFN 33/2018.". *Inovações na cobrança do crédito tributário.* (coord. Juliana Furtado Costa Araújo e Paulo Cesar Conrado). São Paulo: Thomson Reuters Revista dos Tribunais, 2019, p. 11-24.

Parte 3

A CONSOLIDAÇÃO DO NOVO PARADIGMA: O (DES)CONTENCIOSO TRIBUTÁRIO PARA ALÉM DE UM RASCUNHO TEÓRICO

1. O ambiente dialógico eficientemente estimulado pelo Código de Processo Civil de 2015

O olhar pragmático que domina a experiência contemporânea revel(a)ou a falência da macrolitigância tributária, um fato sabidamente prejudicial nos mais diversos níveis, atingindo as partes [que não conseguiam(em) obter soluções efetivas em tempo apropriado], o Judiciário, inundado de processos e impedido de concretizar o comando constitucional insculpido no inciso LXXVIII do art. 5º da Constituição[33] (traduzido na ideia de duração razoável), assim como a sociedade em geral, uma vez que a litigiosidade sem medida importa em indisfarçável insegurança, incerteza, imprevisibilidade – o avesso do que um Estado de Direito anuncia (e deseja).

---
33. LXXVIII - a todos, no âmbito judicial e administrativo, são assegurados a razoável duração do processo e os meios que garantam a celeridade de sua tramitação.

O (DES)CONTENCIOSO TRIBUTÁRIO:
DA LITIGIOSIDADE ESCALAR À TRANSAÇÃO DE TESE

Não raro, assim já identificamos, o fruto da (lenta) atividade jurisdicional vinha(em) marcado por uma quase constante inconsistência de conteúdo, um problema de dimensões agigantadas quando falamos de litigância em escala. Vale dizer: o déficit temporal se exacerba em dimensão exponencial quando reiteradamente associado a atos decisórios pragmaticamente vazios.

O caso (já mencionado) da exclusão do ICMS das bases de cálculo do PIS e da Cofins pode e deve ser relembrado nesse momento: para além das "subdúvidas" oriundas do julgamento original, havia contribuintes que tinham obtido decisões desfavoráveis, em razão da aplicação dos verbetes sumulares editados pelo Superior Tribunal de Justiça, órgão que considerava devida a mencionada inclusão, tendo sido tal orientação revertida, no entanto, pelo Supremo Tribunal Federal.

Resultado: casos gestados a partir de uma mesma matriz teórica receberam "entregas jurisdicionais" distintas – o que se é(era) visível com clareza no exemplo da exclusão do ICMS das bases de cálculo do PIS e da Cofins, assim se apresenta(va) em outras tantas situações.

Toda essa problemática vinha sendo amiúde denunciada nos foros acadêmicos: o sistema judicial de massa encontra(va)-se esgotado, era essa a conclusão [nessa linha operou o projeto "Macrovisão do Crédito Tributário", uma iniciativa do Núcleo de Estudos Fiscais (NEF) da FGV Direito/São Paulo,[34] e que se desdobrava em três vertentes – da norma antielisiva, do processo administrativo fiscal e da execução fiscal].

---

34. O Projeto Macrovisão do Crédito Tributário (coordenado por Eurico de Santi, Paulo Cesar Conrado e Roberto Vasconcellos) assim definiu os motivos da realização da pesquisa: "Nos últimos anos, a discussão acerca da constituição e cobrança do crédito tributário tem se mostrado relevante frente a clara falência do seu modelo. O enorme e desequilibrado contencioso tributário brasileiro revela o quanto são frágeis as relações entre o Fisco e o contribuinte." Disponível em: https://direitosp.fgv.br/sites/direitosp.fgv.br/files/arquivos/nef2016.pdf, Acesso em: 03 jun. 2020. No âmbito deste Projeto, vários atores participaram de ciclos de palestras e debates em torno da excessiva e ineficiente litigiosidade entre Fisco e contribuinte.

É impositivo dizer, de todo modo, que, em grande medida, as abordagens geradas no plano acadêmico não se mostravam, em rigor, verdadeiramente inovadoras, oficiando muito mais como instrumento tradutor, em reescritura quiçá mais clara, do movimento que, com o Código de Processo Civil de 2015, ganhava corpo desde antes.

Ao prescrever, com efeito, a possibilidade de resolução consensual como meio alternativo à jurisdição, prática a ser fomentada pelo Estado, o Código de 2015 revelou o que seria óbvio, não fosse nossa obsessão pela litigância: a convenção diretamente entabulada pelos sujeitos interessados para fins de (de)terminação de seus dissensos seria (e é) triplamente mais vantajosa – (i) contribui para a efetividade do direito, (ii) reduz o tempo de duração da pendenga e (iii) neutraliza as possíveis inconsistências derivadas da atuação jurisdicional.[35]

A Exposição de Motivos do Código de Processo Civil de 2015 fecha questão sobre o assunto, enfatizando tal realidade, notadamente quando afirma:

> "[e]ntendeu-se que a satisfação efetiva das partes pode dar-se de modo mais intenso se a solução é por elas criada e não imposta pelo juiz."

2. Os sucessivos atos normativos da "PGFN" tendentes a aproximar Fisco e contribuintes

Pois foi a partir desse "novo" ambiente que veio à luz uma sequência de normativos da PGFN – alguns já referidos em tópicos anteriores –, todos vocacionados a pragmatizar, na seara tributária, os ideais fixados na lei processual, fazendo-o

---

35. Para o aprofundamento da teoria da consensualidade instaurada com o Código de Processo Civil de 2015, ver a obra de Paulo Mendes de Oliveira: *Segurança jurídica e processo* – da rigidez à flexibilização processual (coord. Luiz Guilherme Marinoni, Sérgio Cruz Arenhart e Daniel Mitidiero). São Paulo: Thomson Reuters Revista dos Tribunais, 2018.

por meio de medidas de aproximação direta de Fisco e contribuintes: as Portarias ns. 502/2016, 33/2018, 360/2018 e 742/2018 devem ser sempre lembradas nesse contexto.

2.1 A Portaria PGFN n. 502/2016

A primeira das portarias indicadas (502/2016), publicada logo após o início da vigência do Código de Processo Civil, especifica com detalhes os temas (teses) e situações processuais em que a PGFN deve se abster de contestar, de contrarrazoar, de interpor recursos, desistindo daqueles interpostos, seja atuando de forma vinculada, seja em juízo de discricionariedade (obviamente desde que fundado na lei),[36] seja na situação em que "for possível antever, fundamentadamente, que o ato processual resultaria em prejuízo aos interesses da Fazenda Nacional."

Outra importante medida de contenção da litigiosidade propiciada por tal normativo é a verificada em seu art. 2º-A, que autoriza a extensão dos motivos determinantes de decisão proferida pelo Supremo Tribunal Federal e pelo Superior Tribunal de Justiça em casos repetitivos, assim como a tomada de tema objeto de jurisprudência consolidada contrariamente aos interesses da Fazenda Nacional a casos (outros) que versem sobre teses análogas, mesmo que não idênticas.

Essas providências dilargam visivelmente a possibilidade de solução dos litígios tributários de massa, à medida que dispensam renovada atuação jurisdicional para fixação de teses semelhantes àquelas que já foram apreciadas – pura expressão de racionalidade.

---

36. A Lei n. 13.874/2019 promoveu diversas alterações à Lei n. 10.522/2002, dentre elas inseriu o art. 19-C, o qual dispõe: "A Procuradoria-Geral da Fazenda Nacional poderá dispensar a prática de atos processuais, inclusive a desistência de recursos interpostos, quando o benefício patrimonial almejado com o ato não atender aos *critérios de racionalidade, de economicidade e de eficiência.*"

De tão valiosa, é curioso notar que, três anos mais tarde, com a edição da Lei n. 13.874/2019, a regra prevista pelo art. 2º-A da Portaria 502/2016 passou a constar do § 9º do art. 19 da Lei 10.522/2002,[37] o que reforça a relevância desse inédito papel normativo intensamente assumido pela PGFN.

2.2 A Portaria PGFN n. 33/2018

Duas especiais medidas devem ser realçadas no amplo contato da Portaria n. 33/2018, ambas contempladas com o natural propósito de mitigar o estado de contenciosidade até então verificado; são elas:

> (i) a abertura de ensejo para antecipação de garantia na esfera administrativa (providência estruturada, até o advento do normativo, em âmbito necessariamente judicial), além da

> (ii) previsão da possibilidade de apresentação do chamado "Pedido de Revisão de Dívida Inscrita" (PRDI), pleito formulável pelo contribuinte pós-inscrição com potencial efeito suspensivo da cobrança "indireta" (via sanções) e do ajuizamento da execução fiscal.

Sobre o primeiro ponto, vale lembrar que o Superior Tribunal de Justiça já havia assegurado ao contribuinte o direito de ofertar garantia antecipadamente, ou seja, no lapso de tempo em que o crédito tributário se encontra(sse) no "limbo" (assim entendidos os créditos que têm sua exigibilidade ativa, mas que ainda não tenham sido ajuizados), fazendo-o por meio de medida cautelar assecuratória, por derivação, da obtenção de certidão de regularidade fiscal – Recurso Especial representativo de controvérsia 1.123.669/RS.[38]

---

37. Prescreve a referida disposição: "§ 9º. A dispensa de que tratam os incisos V e VI do *caput* deste artigo poderá ser estendida a tema não abrangido pelo julgado, quando a ele forem aplicáveis os fundamentos determinantes extraídos do julgamento paradigma ou da jurisprudência consolidada, desde que inexista outro fundamento relevante que justifique a impugnação em juízo."

38. Rel. Min. Luiz Fux, 1ª Seção, DJe 01/02/2010.

O (DES)CONTENCIOSO TRIBUTÁRIO:
DA LITIGIOSIDADE ESCALAR À TRANSAÇÃO DE TESE

Muito embora tal posicionamento resolvesse uma questão pragmática, os transtornos dela decorrentes eram (e seguem sendo, em alguma medida) evidentes: aumenta-se ainda mais o nível de litigiosidade (agora em função de questão totalmente periférica – a oferta de garantia), agravando-se o desperdício de tempo de todos os atores (advogados, magistrados, serventuários, procuradores) para que, em momento posterior, ocorresse a transferência da caução para a execução fiscal.

Acrescente-se a essa lista de efeitos colaterais indesejados, o fato de o Procurador da Fazenda Nacional responsável por analisar a garantia ofertada via cautelar judicial, manifestando-se por sua aceitação (ou não), não ser necessariamente o mesmo que responde pela mesma providência na execução fiscal,[39] uma lacuna permissiva de manifestações contraditórias, com a consequente submissão das partes envolvidas a (mais) um custoso debate.

Captando tal patologia, a Portaria n. 33/2018 possibilitou ao contribuinte, notificado do ato de inscrição do crédito tributário em Dívida Ativa, a indigitada oferta ainda em sede administrativa, de forma a suprimir a necessária (até aquele instante) atuação do Poder Judiciário.

O PRDI, segundo dos pontos ressaltados, representa, a seu turno, uma inovação em termos, à medida que o ordenamento jurídico pretérito reconhecia desde antes a viabilidade da formulação de pedidos de revisão, pelo contribuinte, em relação a créditos inscritos em Dívida Ativa.

Devemos ir além da casca, no entanto, de modo a reconhecer no PRDI um notável acréscimo em nível eficacial: quando, no sistema antecedente, o contribuinte apresentava pedido de revisão sob certos fundamentos (a extinção

---

39. Essa afirmação se aplica aos casos em que a medida cautelar era processada no Juízo Cível e a execução fiscal no Juízo especializado (como ocorre no âmbito da Justiça Federal de São Paulo/Capital).

do crédito, por exemplo), daí não derivava automática suspensão do ajuizamento do executivo fiscal. Conclusão: os pedidos de que falamos não obstavam aquilo que devia ser obstado – a movimentação potencialmente inútil do aparato judicial, com a apresentação, em algumas situações, de garantia e de embargos, tudo para que, ao final, sobreviesse a notícia de acolhimento administrativo do pedido de revisão.

Se apercebendo desse cenário pouco interessante, a Portaria n. 33/2018 abriu a oportunidade para o contribuinte se fazer integrar ao procedimento de controle de legalidade do crédito tributário na fase pré-executiva – inibindo tanto os atos de cobrança "direta", como os "indiretos" (de força sancionatória), além de conter a desnecessária abertura de novos executivos.

2.3 As Portarias PGFN n. 360/2018 e n. 742/2018

Para complementar o arcabouço normativo constituído por iniciativa da PGFN (integralmente mobilizado a fortalecer o diálogo com o contribuinte), foram editadas as Portarias PGFN n. 360/2018 e n. 742/2018, ambas tratando da celebração, pelo órgão, de negócio jurídico processual (NJP), assunto de que já tinha se ocupado a anterior Portaria n. 33/2018, em proporção menos ampla, porém (art. 38).

O NJP busca seu fundamento de validade, sabe-se, no art. 190 do Código de Processo Civil de 2015 e, não obstante a consensualidade a ele inerente diga respeito a temas eminentemente procedimentais, sua tônica, no habitat tributário, é pragmática e legitimamente mais ambiciosa, podendo alcançar o próprio direito de fundo – daí sua possível atuação como meio alternativo à jurisdição (substancial e não apenas formalmente falando).

E assim ocorre quando, dando um passo importante rumo à pragmatização do consenso, o NJP tributário faculta ao contribuinte e ao Fisco a possibilidade de acordar, não apenas questões como a aceitação, a avaliação, a substituição e a liberação de garantias –[40] pontos, sabe-se, que são dos que, na prática tributária, mais reiteradamente geram "subcontenciosos" (ou "contenciosos paralelos").

Sobretudo em razão da Portaria PGFN n. 742/2018, com efeito, o NJP tributário federal foi colocado num patamar todo especial, como verdadeiro mecanismo de solução do próprio conflito.

Referido normativo prevê a possibilidade de elaboração, via NJP em execução fiscal, de "planos de amortização", uma espécie de parcelamento integrado à negociação processual, que, ao mesmo que não a desnatura como tal (como NJP, aclaremos), lhe confere um quê de atipicidade, à medida que o ajuste de que falamos avança sobre a solução do estado de inadimplemento em que se localiza o crédito pendente, sem se limitar à customização do rito a que a execução se vincula legalmente.

A iniciativa – replicada em outras instâncias políticas – deve ser obviamente enaltecida: se o propósito da jurisdição executiva é viabilizar a satisfação do crédito fazendário inadimplido, parece intuitivo, em tempos de exortação da consensualidade, que o negócio jurídico processual de que cuida o art. 190 do Código de Processo Civil, quando reportado a tais feitos, possa tratar do modo como se perfectibilizará o núcleo do processo – a satisfação do crédito.

3. A Lei n. 13.988/2020 como reflexo do percurso seguido pela PGFN

Para visualizar os contornos do porvir, é importante lembrar-nos de onde viemos,[41] medida que, se vale para

---

40. Nos termos do art. 1º, § 2º, inciso III, da Portaria PGFN n. 742/2018.

41. Hannah Arendt, *A condição humana*. Tradução Roberto Raposo. 12. ed. Rio de Janeiro: Forense, 2014.

tudo, vale também para a definição do provável encaminhamento do contencioso tributário.

Repisamos essa ideia – desde a apresentação deste livro comentada – na intenção de preparar nosso interlocutor para um definitivo prognóstico, resumido na palavra que dá título ao pensamento que tentamos expressar – "(des)contencioso".

Sem desprezar o vocábulo-fonte ("contencioso"), o termo que elegemos vem qualificado pelo prefixo que recolore o cenário – já sensível aos que estão na linha de frente –, tingindo-o com os predicativos dos "novos tempos", dialogia, alteridade e empatia, premissas fundantes da transação tributária, o desfecho, mesmo que a história ainda não tenha tido fim (nem nunca terá, aliás), desse verdadeiro rito de amadurecimento a que nos submetemos, atores que somos do fenômeno jurídico-tributário, como se da juventude beligerante e teimosa, partíssemos para a maturidade, naturalmente mais flexível, menos impositiva, mas dialógica, enfim.

Pois foi nesse ambiente que foi editada a Medida Provisória n. 899/2019, convertida na Lei 13.988/2020 (a "lei da transação"), veiculando duas modalidades fundamentais de convenção substitutiva da jurisdição:

> (i) a "transação na cobrança" (figura correlata à jurisdição executivo-fiscal), e
>
> (ii) a "transação no contencioso", expressão forjada para designar as hipóteses em que a convenção substitui a atuação jurisdicional que se dá em demandas antiexacionais (tanto as judiciais, como as administrativas, inclusive as de pequeno valor).

Interessante notar o quão claramente esse diploma reflete o percurso firmado nos normativos da PGFN, especialmente os que se seguiram à vigência do Código de Processo Civil de 2015 (mas que já era notável desde antes de tal marco normativo), com a segregação (oportuníssima) dos dois grandes blocos temáticos que correspondem aos planos de atuação do órgão ("cobrança" e "contencioso"), uma forma clara de enfatizar o propósito que mobiliza suas atividades, a recuperação do crédito tributário associada à diminuição da litigiosidade.

Não desejamos mergulhar, neste livro, na "transação na cobrança", assim já o dissemos, mas sim determo-nos na figura legalmente identificada como "transação no contencioso tributário de relevante e disseminada controvérsia jurídica" – ou, como nos parece válido dizer, a "transação de tese".

Com todos os registros até então feitos, julgamos suficientemente pavimentada a estrada que agora se nos abre, valendo alertar, antes de percorrê-la, que a segregação que seguiremos fazendo – fruto da que foi adotada no plano normativo – deve ser vista com alguns cuidados, posto que zonas de penumbra, sobretudo em termos eficaciais, se apresentam (e delas não queremos nem devemos descurar).

Parte 4

A TRANSAÇÃO DE TESE: PILAR DO "NOVO" (DES)CONTENCIOSO TRIBUTÁRIO

1. Uma primeira palavra sobre a (convencional) função jurisdicional

Jurisdição é dever do Estado, predominantemente desenvolvido pelo Poder Judiciário, relacionando-se à composição de conflitos (art. 5º, XXXV,[42] da Constituição).[43]

Observemos, a partir da definição exposta, que a função a que nos referimos também é exercitável, mesmo que atipicamente, pelo Executivo – fato mais do que ostensivo quando observamos o portentoso contencioso administrativo tributário nacional.

Por isso nossa preocupação em grifar, a despeito do protagonismo do Judiciário no tema, que jurisdição é

---

42. XXXV - a lei não excluirá da apreciação do Poder Judiciário lesão ou ameaça a direito;

43. Nos termos da lição de Paulo Cesar Conrado em *Processo tributário*. 3ª ed. São Paulo: Quartier Latin, 2012.

expressão do "poder estatal" (não própria ou exclusivamente "judicial"), sendo uno, embora distribuído em diferentes frações orgânicas, as quais convivem (ou deveriam conviver) de forma harmônica.

Integram a jurisdição os seguintes elementos conceituais:

> (i) a existência, por premissa, de um conflito,[44]
>
> (ii) a ser solucionado por um terceiro – representado, no caso tributário, pelo Estado-juiz (judicial ou administrativo), e
>
> (iii) que atua de modo a fazer substituir as vontades divergentes das partes por meio de um ato de cunho decisório.[45]

2. A jurisdição tributária

No particular âmbito do direito tributário brasileiro, a jurisdição é exercida, assim já apontamos, por órgãos do Poder Judiciário e da Administração, solucionadores dos conflitos que lhes são levados a conhecimento por meio respectivamente, de sentenças (processo judicial antiexacional) e decisões administrativas (processo administrativo).

A despeito da distinção orgânica havida entre essas "frações jurisdicionais", é importante refrisar: ambas

---

44. No presente texto, fazemos referência ao conflito cujo significado é sinônimo ao litígio, assim entendido como o fato jurídico tributário conflituoso (partes em posições contrapostas em relação à exigibilidade do crédito tributário), para facilitar o fluxo da exposição.

45. José Souto Maior Borges acrescenta ao conceito de jurisdição mais um elemento: que a solução do litígio se dê de forma definitiva, de modo que só exerce jurisdição o Poder Judiciário. *Lançamento tributário*. 2ª ed. São Paulo: Malheiros, 1999, p. 132. Divergente é a posição de Ana Clarissa Massuko dos Santos Araújo, sustentando que o Executivo exerce a jurisdição, muito embora o atributo da definitividade seja exclusivo das decisões proferidas pelo Poder Judiciário. Artigo intitulado "Efeitos da concomitância entre processo judicial e administrativo. Análise do parágrafo único do art. 38 da Lei 6.830/80", publicado no *Processo tributário analítico* volume I. 3 ed. São Paulo: Noeses, 2015, p. 207-236.

ostentam o mesmo conteúdo objetivo. Significa dizer: Judiciário e Executivo, nos respectivos contenciosos, aplicam a lei material ao fato jurídico conflituoso,[46] produzindo norma individual e concreta que, por consequência, poderá (a depender do resultado) impedir a constituição do crédito tributário, mantê-la, alterá-la, extingui-la ou servir de suporte para sua realização (do crédito) forçadamente.

A par desse ponto de aproximação, por certo que não podemos ser simplistas e parar nossa análise, por mais despretensiosa que seja, por aqui.

É que, a depender do órgão de que a jurisdição emana (definindo-se-a subjetivamente, portanto), os efeitos produzidos pela decisão correlata são diversos:

(i) no primeiro caso (jurisdição judicial), à decisão solucionadora do conflito agrega-se a noção de coisa julgada,[47]

(ii) no segundo (da jurisdição administrativa), agregam-se os efeitos próprios dos atos administrativos.[48]

---

46. Por fato jurídico conflituoso tributário, *para efeito da transação no contencioso tributário fundado de tese*, designa-se aquele traduzido na linguagem da petição inicial nos processos antiexacionais, ou da impugnação administrativa no bojo do processo administrativo fiscal (além do silêncio do contribuinte quando o direito positivo prescrever que, não efetuando o pagamento ou não se insurgindo contra a cobrança, surge a relação jurídica processual de índole administrativa, submetida à jurisdição administrativa). Tais ideias foram lançadas por Paulo Cesar Conrado em *Processo tributário*. 3ª ed. São Paulo: Quartier Latin, 2012.

47. Registre-se que o sentido da expressão "coisa julgada" depende do contexto em que os agentes a invocam. Por exemplo, pode referir-se: (i) a um atributo jungido aos efeitos da norma concreta e individual posta pelo Poder Judiciário (a definitividade); (ii) ao documento certificatório de que não há mais possibilidade de interposição de recursos (nem de remessa oficial) em relação à decisão de mérito prolatada ("carimbo de trânsito em julgado"); (iii) ou confundir-se ao próprio conteúdo de mérito posto pela norma concreta e individual.

48. A propósito, ver os "Trabalhos da Comissão Especial do CTN" constituída pelo Ministério da Fazenda, em 1954: "...a definitividade administrativa decorre dos efeitos do ato, ao contrário da definitividade judicial que é qualidade inerente ao próprio ato, em função da autoridade de que provém (Themístocles Cavalcanti, 'A

3. Jurisdição e transação no contencioso tributário fundado em tese

Fixadas essas premissas, interessa-nos realçar, aqui e agora, que, se os conflitos tributários seriam ordinariamente resolvidos por meio da jurisdição naqueles dois possíveis planos, com a Lei n. 13.988/2020 um outro elemento atravessa nosso caminho, um elemento de tom indiscutivelmente extraordinário, mas que está posto na mesa e passa a ser tão importante quanto a via convencional.

Falamos, naturalmente, da transação.

Em sua essência, ela, a transação, tira de cena o fato jurídico conflituoso (um dos requisitos caracterizadores da jurisdição), abrindo espaço para a noção de consenso, elemento expressivo de vontades bilateralmente construídas e unidirecionadas.

Possível inferir, já daí, que, embora abstratamente convivam no mesmo sistema, jurisdição e transação se contrapõem na sua base fundacional:

(i) a adoção da segunda opera com a noção de consenso,

(ii) que derruba a premissa deflagradora da primeira (dissenso),

(iii) que fica, ao cabo de tudo, comprometida em seu desenvolvimento.

Teoria da Res Judicata no Direito Administrativo', em Revista Forense 131/299)." Disponível em: http://www2.senado.leg.br/bdsf/handle/id/511517 Acesso em: 12 jun. 2020. Paulo de Barros Carvalho adverte que, quanto ao ato jurídico administrativo do lançamento, seus atributos são a presunção de legitimidade e exigibilidade (*Curso de direito tributário*. 9ª ed. São Paulo: Saraiva, 1997, p. 259). Tais atributos são inerentes à decisão administrativa ao manter total ou parcialmente o lançamento efetuado. Agregamos a qualidade da imutabilidade (diversa, nesse sentido da coisa julgada, que com ela não se confunde), quando a decisão administrativa cancelar o lançamento.

4. A origem normativa da transação tributária

A lei da transação busca seu fundamento de validade, antes de tudo, no art. 171 e parágrafo único do Código Tributário Nacional:

> Art. 171. A lei pode facultar, nas condições que estabeleça, aos sujeitos ativo e passivo da obrigação tributária celebrar transação que, mediante concessões mútuas, importe em determinação de litígio e consequente extinção de crédito tributário.
>
> Parágrafo único. A lei indicará a autoridade competente para autorizar a transação em cada caso.

Referido dispositivo é fruto do Anteprojeto do Código Tributário Nacional elaborado por Rubens Gomes de Sousa em 1953, documento que, em sua redação original, dispunha:

> Art. 210. A lei tributária poderá, por disposição expressa, permitir que seja autorizada a transação total ou parcial quanto ao crédito tributário, no curso de processo administrativo ou judicial.
>
> Parágrafo único. A transação será proposta em cada caso, em expediente reservado, pelo representante da Fazenda Pública no processo, à mais alta autoridade administrativa competente para dêle conhecer, ou à mais alta autoridade do Minsitério Público competente, e será autorizada pela referida autoridade sempre que, a seu juízo, o prosseguimento do processo seja desfavorável, inconveniente ou inútil aos interêsses da Fazenda Pública.

Submetido o Anteprojeto a debate pela Comissão Especial instituída em 1954 pelo Ministério da Fazenda, foram sugeridas modificações que resultaram na seguinte redação, ostentada, ao final, pelo Projeto de Lei apresentado à Câmara dos Deputados (PL n. 4.834/54):

> Art. 136. É facultado aos sujeitos ativo e passivo da obrigação tributária celebrar transação que, mediante concessões mútuas, importe em *terminação de litígio* e consequente extinção do crédito tributário.

O (DES)CONTENCIOSO TRIBUTÁRIO:
DA LITIGIOSIDADE ESCALAR À TRANSAÇÃO DE TESE

> A lei tributária indicará a autoridade competente para celebrar a transação e as formalidades a serem observadas em cada caso.

A Comissão Especial excluiu, pelo que se vê, a necessidade de edição de "lei tributária" voltada a veicular a transação, fazendo-o sob o fundamento de que tal tarefa poderia ser atribuída "a *lei de outra natureza*, como a lei orgânica do Ministério Público".[49]

Duas foram as alterações propostas:

> (i) ao referir-se à possibilidade de oferta de transação via lei orgânica do Ministério Público, a Comissão aludia à Lei n. 1.341/51, diploma segundo o qual cabia aos órgãos do então Ministério Público da União (representante da Fazenda Nacional em juízo), celebrar transação, após a autorização concedida pelo Procurador-Geral,[50]

> (ii) a lei não configuraria instrumento necessário para que as autoridades ofertassem a transação, considerada, nesse contexto, a autoaplicabilidade das disposições do Código Tributário Nacional.

Ademais, foi eliminada a referência expressa ao litígio posto no *processo administrativo ou judicial*,[51] substituindo-se essa locução pelo vocábulo *litígio* (sem especificação), de modo a deixar mais claro que o objetivo direto da transação imbricaria para a finalização da lide – sua *terminação* – e, mediatamente, para a extinção do crédito tributário.

---

49. Conforme Trabalho da Comissão Especial – Disponível em: http://www2.senado.leg.br/bdsf/handle/id/511517 Acesso em: 13 jun. 2020.

50. Nos termos do art. 23 e parágrafo único.

51. O fundamento para tal exclusão era o de que a referência aos processos administrativo ou judicial "constitui injustificável quebra de unidade sistemática". Muito provavelmente porque os trabalhos da Comissão procederam à exclusão dos Livros VIII e IX do Anteprojeto, "relativos ao processo tributário administrativo e judicial, que os autos do anteprojeto incluíra por considerações de ordem prática e com o objetivo de oferecer um texto único. Entendeu a comissão que a matéria devia fazer objeto de lei especial...". Disponível em: http://bibliotecadigital.fgv.br/ojs/index.php/rda/article/viewFile/15916/14746, Acesso em: 13 jun. 2020.

Após a apresentação daquele Projeto de Lei à Câmara dos Deputados, sua aprovação sobreveio em 1966, então impulsionado com a edição da Emenda 18/65, que agregou o Sistema Tributário Nacional à Constituição de 1946.

Comparando-se a redação do art. 136 do Projeto de Lei n. 4.834/1954 à veiculada pelo art. 171 do Código Tributário Nacional, verifica-se que o conteúdo primevo permaneceu praticamente o mesmo, tendo sido o fundamento de validade da transação, todavia, correlacionado a lei, com a adicional substituição da palavra "terminação" pelo vocábulo "determinação".

5. A transação repressiva e a transação preventiva de conflitos: atribuindo sentido para o vocábulo "determinação"

O recambiamento de palavras a que nos referimos (de "terminação" para "determinação") parece ter um sentido que se era difícil de ser apreendido, agora, vivendo a transação de forma prática, ganha suficiente clareza (e importância).

É que, enquanto o primeiro conceito ("terminação") remete à ideia de finalização do que estava em curso, o segundo ("determinação") teria maior abrangência, operando como verdadeiro "continente" em relação àquele outro (seu "conteúdo"), de modo a alcançar tanto os conflitos correntes (para defini-los) como os vindouros, prevenindo sua formalização (ou, no vocabulário do Código Tributário Nacional, "determinando-os").

Dessa constatação deflui um dos mais relevantes aspectos da transação de que cuida a Lei n. 13.988/2020: sua ambivalência eficacial, mostrando-se operativa tanto em termos repressivos como preventivos.

Mesmo que não seja possível afirmar, com efeito, que essa tenha sido a intenção do legislador quando da aprovação do Projeto de Lei (até porque esse ponto não foi explicitado nas respectivas exposições de motivos), essa parece ser a interpretação que mais se ajusta à transação no contencioso tributário fundado em tese, sobretudo como idealizada pela Lei n. 13.988/2020.

Expliquemos melhor.

Nos moldes antes definidos, a transação de tese subtrai o exercício material da jurisdição, podendo ocorrer no curso do processo administrativo ou do processo judicial antiexacional.

Se é de processo administrativo que falamos, a ambivalência é óbvia: a transação reprime o alavancamento do estado de conflituosidade ali instalado, ao mesmo tempo em que impede sua transposição para o campo judicial (daí aflorando a clara força preventiva nela tatuada).

Ademais, não podemos descurar de um dado normativo mais do que expresso: segundo o art. 18 da Lei n. 13.988/2020 (dispositivo alterado na redação originalmente preconizada pela Medida Provisória n. 899/2019), a transação pode ser celebrada se constatada a existência de inscrição em dívida ativa na data da publicação do edital – em nítida postura atributiva de força preventiva ao instituto, à medida que o ato de inscrição, em si, não formaliza o estado de conflituosidade, que ficaria, assim, antecipadamente neutralizado, uma inegável virtude desse sistema.

6. Transação no contencioso em termos de eficácia: panorama geral

A despeito da literalidade do art. 156 do Código Tributário Nacional, devemos entender a transação como veículo que instrumentaliza a extinção do crédito tributário – sem que represente, portanto, sua causa (fato gerador).

Como possíveis causas da extinção instrumentalizáveis pela transação figurariam, aí sim, ou o pagamento (imediato ou diferido) ou a dação em pagamento (em rigor, uma forma de pagamento, particularizada pelo fato de ser mediada pela interposta transmissão de propriedade de um bem com expressão econômica tida por suficiente).

Utilizável nas hipóteses em que a obrigação encontra-se em excepcional estado de litigiosidade, tal como prescreve o art. 171 do mesmo Código, a transação substitui o exercício da jurisdição no que se refere à composição do conflito, impondo, para tanto, a operacionalização da extinção determinada no art. 156, aspecto que requer, a seu turno, o atravessamento dos mecanismos extintivos antes mencionados.

Por esse racional, fica automaticamente excluída a possibilidade de se tomar a extinção como derivação das figuras prescritas nos incisos IX e X do mesmo art. 156, dispositivos que se referem à decisão administrativa e à sentença judicial, devendo ser tais figuras tratadas como veículos potencialmente introdutores do fato jurídico da extinção.

Frisemos, no entanto, que essa eficácia a que nos reportamos só se verifica desde que plenamente exercida a jurisdição (administrativa e judicial, nessa ordem), operação que, sendo obstada pelo atravessamento da transação, verdadeiro sucedâneo da jurisdição, supõe seu natural afastamento – daí a necessária exclusão das figuras da sentença e da decisão administrativa nesse contexto. Um instrumento (sentença ou decisão administrativa) é, em suma, substituído por outro (transação), sendo este último conteudisticamente preenchido pelas noções de pagamento ou dação.

Um ponto a ser reiterado nesse raciocínio: sabendo-se que a extinção do crédito tributário não resulta da transação em si mesma, senão de fatos por ela viabilizados – o pagamento diferido, nas situações pragmaticamente mais correntes –, não é possível dizer que o efeito substitutivo da jurisdição é absolutamente infalível, não pelo menos no que tange ao resultado fixado pelo art. 156.

Imagine-se, com efeito, que a transação celebrada seja daquelas que prescreva o pagamento parcelado do crédito transacionado, sendo concedido desconto nos termos legalmente permitidos. Com a formalização dessa convenção, dúvida não haverá quanto ao imediato comprometimento do exercício da jurisdição.

O mesmo não é possível dizer, contudo, sobre o crédito (cuja extinção demanda o aperfeiçoamento paulatino dos pagamentos pactuados), justamente o motivo por que, embora resolvido o litígio posto pelas mãos do contribuinte (litígio esse derivado da afirmada inexigibilidade do crédito até ali debatido), com o consequente comprometimento da jurisdição correspondente, é possível que, cessados os pagamentos, a jurisdição seja reacionada, agora não mais para avaliar a higidez da obrigação (posta em xeque, em princípio, pela demanda do contribuinte), mas sim para fazer realizar a obrigação posta em estado de pendência.

Vale reafirmar: como a transação não é, em si, causa de extinção da obrigação tributária, necessário compreendê-la, assim como os desdobramentos dela provindos (inclusive no que toca à forma como a jurisdição se comportará) a partir dos atos subsequentemente praticados pelos atores, Fisco e contribuinte.

Mais pragmático do que isso, impossível!

7. As peculiaridades eficaciais da transação no contencioso

O quadro desenhado no tópico anterior revela, mesmo que em linhas abertas, a complexidade eficacial a que se submete a figura da transação, característica que impõe, a bem da compreensão do instituto, algum nível de dissecação.

Uma observação de interesse, entretanto, deve ser interposta antes de avançarmos: dirigidos à transação de tese, reter-nos-íamos, aqui, sobre seus específicos efeitos, excluídos, lado outro, os que atinam com a transação na cobrança.

Esse seria o natural encaminhamento que o tema receberia, não fosse impositiva a advertência: esse "isolamento" (efeitos peculiares da "transação no contencioso" *versus* efeitos peculiares da "transação na cobrança"), embora didaticamente viável, não é infalível em termos empíricos, posto que entre os efeitos da transação de tese e os da transação na cobrança importantes pontos de inte(g)ração se apresentam.

Caminhemos, nessa trilha, fazendo-o articuladamente, de modo a expor, com o desejável destaque, cada qual desses efeitos.

7.1 Retração da jurisdição

Os litígios a que se vincula a "transação no contencioso" são, já sabemos, os que derivam de iniciativa do sujeito passivo – exceção feita aos casos de "simples" inscrição (sem qualquer ajuizamento), casos esses que podem ser alcançados pelas modalidades de transação a que nos dedicamos, tal qual já referimos, e que serão adiante aprofundadas.

Processos postos na mencionada classe e que são usualmente chamados de "antiexacionais" (administrativos ou judiciais, tanto faz) formalizam uma específica hipótese de conflituosidade, essencialmente atrelada à afirmação de inexigibilidade do crédito objetado.

Impugnações administrativas, anulatórias de débito fiscal, mandados de segurança, embargos à execução fiscal, todas essas figuras (integrantes do conjunto das "antiexacionais") servem ao propósito comum, usando termos mais diretos, de viabilizar (se procedentes, evidentemente) o reconhecimento da inexigibilidade do crédito tributário debatido, sejam as razões subjacentes quais forem.

Significa dizer: a potencial procedência dessas demandas implica a excepcional extinção da obrigação discutida por intermédio dos veículos prescritos nos incisos IX e X do art. 156 do Código Tributário Nacional, circunstância que demanda a natural assunção, pelo julgador, dos argumentos veiculados pelo autor – sujeito passivo da obrigação questionada –, efeito que se projeta a partir do exercício, formal e material, da atividade jurisdicional.

Caminhando em linha paralela a essas ideias, a transação no contencioso, tal como disciplinada pela Lei n. 13.988/2020, toma como referencial as demandas antes indicadas, fazendo-o para, uma vez presente a vontade dos sujeitos até então em conflito, retrair a atuação jurisdicional em sua dimensão material.

Vale afirmar: a pretensão inicial deixa de ser em seu mérito avaliada, comprometendo-se o exercício efetivo, substancialmente falando, da jurisdição então instalada.

Em termos eficaciais, portanto, a primeira das possíveis consequências da transação de que falamos recai sobre o exercício material da jurisdição, fato compreensivelmente provocado pela extravagante substituição do estado de conflituosidade pelo de convergência.

7.2 A formação de documento que instrumentaliza o compromisso do sujeito passivo quanto à quitação do crédito tributário a que a demanda se refere

Contendo a assunção do compromisso de quitar, com ou sem desconto, o crédito debatido, a transação no contencioso projeta, em sequência lógica, uma segunda eficácia: a constituição, quando homologada, de documento legalmente equiparado a título executivo judicial, documento esse cuja efetivabilidade fica condicionada a eventual inadimplemento das obrigações assumidas – inclusive e principalmente, pensando de forma prática, a de cumprir o plano de parcelamento subjacente à transação.

Um destaque pragmático: a par da assumida natureza de título executivo judicial, o termo de transação (devidamente homologado, repisemos) não necessariamente nos endereçará, no caso de inadimplemento, para uma cobrança fundada nas regras do Código de Processo Civil – é bem possível que, para situações como as descritas, o crédito pendente seja inscrito em Dívida Ativa, apetrechando-se o regime executivo fiscal (com lastro, por conseguinte, na Lei n. 6.830/80), medida de cabimento cogitável uma vez preexistente documento constitutivo do crédito fazendário (esse documento, insistamos, seria fruto da associação do termo de transação com a respectiva homologação).

7.3 O potencial reaparelhamento da jurisdição em versão executiva

Vejam como a transação no contencioso dialoga com a transação na cobrança em termos de eficácia: verificado, como descrito no tópico anterior, o eventual inadimplemento das obrigações assumidas pelo sujeito passivo (e aí falamos basicamente da obrigação de pagar), ressurgirá espaço para o exercício da jurisdição, agora, porém, no "modo cobrança".

Quer isso dizer que, da inicial retração que a transação no contencioso provoca sobre o exercício da jurisdição antiexacional (tipicamente cognitiva), segue-se a possível reativação da jurisdição em formato distinto – a atividade jurisdicional reaberta em razão do rompimento das obrigações à transação relacionadas já não seria mais a mesma que fora suscitada pelo contribuinte, antiexacional, senão exacional, voltando-se à satisfação do crédito patologicamente pendente.

Quem transaciona no plano de tese tem que ter bem em mira, portanto, que, à conta das concessões que percebe(rá) em decorrência desse regime (o transacional), aflora, lado outro, a contenção da jurisdição antiexacional e, mais importante, a simultânea possibilidade de articulação de cobrança se verificada a condição antes apontada (o inadimplemento).

7.4 Extinção do crédito tributário a que a demanda se refere

De forma mediata, um outro estágio eficacial (o quarto aqui elencado) não pode ser olvidado: satisfeitos todos os seus termos, a transação pode e deve viabilizar a extinção da obrigação a que se relaciona.

Esse é o momento em que somos transportados – finalmente – para os domínios do art. 156 do Código Tributário Nacional, dispositivo que faz referência à transação como causa de extinção do crédito tributário, mas que, em rigor, diz respeito a um efeito secundário que a indigitada figura instrumentaliza.

7.5 Contenção da judicialização em perspectiva futura

Mas há mais: um extraordinário e importante efeito se vê detectável na transação no contencioso, efeito esse tido por extraordinário porque descolado tanto do art. 156 como do art. 171 do Código Tributário Nacional – um verdadeiro efeito "meta-CTN", portanto.

Expliquemos: embora a demanda a que a transação se refira assente suas bases numa obrigação – tida pelo sujeito passivo como inexigível –, o objeto transacionado situa-se, em rigor, sobre a tese que escuda a pretensão deduzida, importando, bem por isso, não só o comprometimento da jurisdição cognitiva já aparelhada, mas de outras que poderiam vir a ser suscitadas com esteio no mesmo fundamento.

E assim ocorre, insista-se, porque, incidindo sobre a tese, a transação cuida de resolvê-la (a tese) e não apenas compor a obrigação de que trata a demanda-base (concretamente considerada).

Diríamos, com isso, que, indo além do racional dos arts. 156 e 171 do Código Tributário Nacional, a transação no contencioso opera como instrumento que não se restringe a compor um conflito (art. 171) e viabilizar, a partir daí, a extinção do crédito tributário (art. 156): ela cumpre o importantíssimo papel de impediente quanto à formação de novos conflitos que se escorem sobre a tese transacionada, um efeito canalizado ao porvir e que tem muito mais a ver com o ideário (preconizado pelo Código de Processo Civil) de ruptura com o anacronismo de "judicialização sem fim" do que com o plano estritamente tributário.

7.6 Síntese pragmática

Em resumo do que foi exposto:

Tipos de Eficácia	Verificabilidade	Disposições do Código Tributário Nacional correlatas	Alcance
extinção do litígio	constante e imediata	art. 171	todas as demandas antiexacionais judiciais (declaratória, anulatória, mandado de segurança, preventivo ou repressivo, embargos à execução fiscal) e as impugnações administrativas

O (DES)CONTENCIOSO TRIBUTÁRIO:
DA LITIGIOSIDADE ESCALAR À TRANSAÇÃO DE TESE

Tipos de Eficácia	Verificabilidade	Disposições do Código Tributário Nacional correlatas	Alcance
formação de título executivo judicial	constante e imediata	efeito de tônus processual (além do Código Tributário Nacional, portanto)	todos os casos anteriores
reativação da jurisdição em nível executivo	variável (condicionada à verificação do inadimplemento da obrigação de pagar) e mediata	efeito de tônus processual (além do Código Tributário Nacional, portanto)	todos os casos anteriores, além dos relativos a créditos inscritos em Dívida Ativa
extinção do crédito tributário	variável (condicionada à efetivação do pagamento na forma acordada) e mediata	art. 156, incisos I ou XI	todos os casos anteriores, além dos relativos a créditos inscritos em Dívida Ativa
retração da judicialização futura em relação à tese	constante e mediata	efeito de tônus processual (além do Código Tributário Nacional, portanto)	todos os casos anteriores, além dos relativos a créditos inscritos em Dívida Ativa

8. Duas particulares situações

Do quadro-resumo apresentado no tópico anterior é possível perceber, de forma talvez mais direta, que duas situações se mostram particularmente extravagantes no amplo contexto da "transação no contencioso".

A primeira dessas situações relaciona-se aos créditos tributários inscritos em Dívida Ativa mas não judicializados: muito embora o art. 18 da Lei n. 13.988/2020 os tenha contemplado como possível objeto de transação, é inequívoca a ausência, nessas hipóteses, de litígio formalmente estruturado, o que quer significar que a transação, para tais casos, opera como instrumento muito mais preventivo (tanto no plano antiexacional, como no da cobrança) do que resolutivo de conflito – como faria supor uma leitura quadrada do art. 171 do Código Tributário Nacional.

Mais uma vez, vale lembrar: a Lei n. 13.988/2020, para além de pragmatizar a ideia de transação (latente no Código Tributário Nacional para mais de meio século, nunca esqueçamos disso), cuida de efetivar, no plano tributário, o programa de descomplexificação do contencioso forjado pelo Código de Processo Civil – por isso, ao menos no que se refere a situações como a mencionada, sua interpretação não pode se prender ao art. 171 como se só pudesse atuar como "verdadeira" transação a que extingue litígios formalizados judicial ou administrativamente.

Na mesmíssima linha atua a segunda das situações peculiares a ser ressaltada, as relativas às ações preventivas ("declaratórias").

Ao viabilizar a transação de tese, a Lei n. 13.988/2020 abriu ensejo para a produção do efeito impediente tratado no item 7.5 retro, caso em que possíveis litígios são evitados – não propriamente resolvidos (mais uma hipótese de extensão interpretativa do art. 171 do Código Tributário Nacional).

Mais do que isso, porém, o caso a que nos reportamos guarda uma outra extravagância: olhando para o futuro, a transação não instrumentaliza, nessas hipóteses, a extinção de crédito pendente, pelo simples fato de crédito nenhum se apresentar. Daí a natural dissociação dessas situações com o art. 156 do Código Tributário Nacional, sem que isso signifique, como antes, a desnaturação do instituto, senão seu entrelaçamento com a perspectiva redutora do ambiente de litigiosidade – um ideal cravado pelo Código de Processo Civil, não custa repetir.

Dado o especial valor que projeta – claramente acoplado à ideia de (des)contenciosidade, tratamos desse "metaefeito" destacadamente.

9. Uma trava na formação de novos conflitos relacionados à tese transacionada

Uma vez proposta, via edital, a transação sobre determinada tese, o contribuinte aderente assume o compromisso de não mais colocar em xeque a exigibilidade de créditos a ela (tese) relacionados, seja lá por que instrumento for (ação declaratória de inexistência de relação jurídico-tributária; mandados de segurança; ação anulatória de débito fiscal; embargos à execução fiscal, impugnações administrativas).

De tal característica deflui a já mencionada força preventiva que o instituto carrega – quando menos em relação àquilo que se insere no bojo do tema transacionado.

Essa especial eficácia (um verdadeiro meta-efeito, como tratamos de definir) transcende os dispositivos do Código Tributário Nacional que vimos reiteradamente mencionando (arts. 156 e 171), ultrapassando os próprios limites didáticos do direito tributário, à medida que, nesse particular, a Lei n. 13.988/2020 opera como verdadeiro apêndice do Código de Processo Civil – assim especificamente naquilo que respeita aos pressupostos de desenvolvimento de uma dada relação processual.

Usando outros termos: a "trava" derivada da transação de tese em relação a demandas futuras tem a mesma tonalidade do que a processualística tradicionalmente chama de "pressuposto processual", mais particularmente dos assim denominados "pressupostos processuais negativos", estando *pari passu* com as ideias de coisa julgada, litispendência e perempção, figuras que, se presentes, obstam o desenvolvimento do processo (por isso "negativos" tais pressupostos), exatamente o que ocorre nesse impeditivo gerado pela transação de tese.

Da equiparação dos institutos em foco – equiparação essa totalmente viável, ressaltemos, já que a lei instituidora da transação tem a mesma envergadura da que veiculou o Código de Processo Civil – decorre a natural equiparação de seus efeitos, o que quer significar que ações propostas em desabono do que foi transacionado devem ter o mesmo destino que teriam as ações que, nos termos do Código de Processo Civil, desafiam, por exemplo, a coisa julgada: a extinção sem resolução de mérito (art. 485, inciso V).

E assim há de ocorrer, devemos realçar, não porque da transação deriva a formação de coisa julgada – impressão que se poderia recolher, em princípio, uma vez que sua eficácia, processualmente falando, demanda homologação judicial por sentença –, mas sim pelo tratamento atribuído pela Lei n. 13.988/2020 à transação de tese, um tratamento que a aproxima, operacional e eficacialmente falando, da coisa julgada material.

De todo modo, para que fique clara a ideia de analogia em nível eficacial – não a de equivalência essencial –, lembremos:

> (i) uma vez afastado o exercício substancial da atividade jurisdicional pela formalização da transação, é de se entender naturalmente obstada a prolação de decisão de mérito sobre o tema,
>
> (ii) se assim vale para a(s) demanda(s) "atual(is)" [a(s) que serve(m) de base formal da transação instrumentalizada no presente], assim valerá, segundo o racional "desjudicialiazador" inerente à Lei n. 13.988/2020, para as demandas futuras,
>
> (iii) e tudo isso se projetará, se o que se deseja é romper com o fluxo irresponsável de litigiosidade contínua, independentemente da absoluta identidade entre a(s) demanda(s) do presente e a(s) do futuro, uma vez que a tônica da transação de que falamos diz respeito a seu conteúdo teórico – aquilo que vimos chamando de "tese", o pavimento do contencioso de massa historicamente reinante e cuja dissolução é um dos alvos dos "novos tempos" para os quais olhamos.

Tomemos, nesse sentido, o exemplo do contribuinte que tenha se insurgido, por meio de ação anulatória de débito fiscal, contra a exigibilidade do crédito tributário constituído em determinado período, fazendo-o com fundamento na tese "x", tese essa que é veiculada em edital de transação lançado pela União, de cujo bojo conste que, cedendo ao debate, o contribuinte poderá efetivar o pagamento do crédito discutido de forma parcelada com desconto de n%.

Pois bem, uma vez aderindo à proposta trazida com o mencionado edital, é preciso entender que o contribuinte dá um passo no sentido de tirar do âmbito jurisdicional "a tese" tomada como referencial, assim operando tanto para os créditos concretamente transacionados como para os que, relacionados a eventos futuros, pudessem ser combatidos com esteio na mesma argumentação, sendo indiferente, para que esse efeito impeditivo se apresente, o instrumento processual (anulatória, no exemplo, ou outra categoria qualquer).

Conclusão: não podemos dizer que há, no contexto abordado, coisa julgada material obstaculizando a relitigação, senão a projeção de um efeito análogo (tão obstador quanto ela, a coisa julgada), mas que deve ser compreendido como uma nova "trava", quiçá mais potente, visto que coíbe a formação de conflitos originados do contribuinte aderente que estejam assentados, tais conflitos, no mesmo tecido teórico descrito no edital.

10. Transação de tese e sua conexão com o plano processual: indo além do presente

Em certa medida, é fácil supor a aplicação da transação no contencioso se tomarmos como base a prévia articulação de medidas antiexacionais repressivas – aquelas que, em oposição às preventivas, supõem a prévia constituição do crédito tributário posto em debate.

Isso porque, a despeito da multiplicidade eficacial inerente à transação no contencioso, é seu objetivo, mesmo que remotamente falando, instrumentalizar a extinção do crédito – pressupondo-o, portanto.

Tal como salientado, porém, a transação de que falamos vai além do plano tributário, constatação que, em si, lhe confere contornos bastante heterodoxos.

Vem à luz, com essas premissas, a indagação: seria possível a celebração de transação no contencioso relacionado a demandas preventivas, aquelas usualmente identificadas na prática forense como declaratórias?

Não queremos nos reter sobre essa questão como mera especulação teórica, mas sim por razões pragmáticas, tomando licença, nesse sentido, para adotar um olhar mais "programático": a transação de que falamos pressupõe a existência de lides que, em sua causa de pedir, tomam como referência teses disseminadas, algo que se vê muito presente, em tradução cotidiana, justamente no ambiente das declaratórias [fato totalmente compreensível, já que as demandas preventivas antecedem a formação do crédito e é justamente essa uma das características mais marcantes das teses (e das ações, por derivação) de possível disseminação].

Observada essa premissa, um paradoxo se articula: embora as declaratórias sejam as demandas mais afinadas com a ideia de disseminação de tese jurídica – conceito tomado como referencial para a transação no contencioso –, a tomada de um conflito repressivo, fundado em específico crédito, como elemento de preexistência obrigatória, colocaria aquelas ações (as preventivas) fora do alcance da via transacional, limitadas que ficariam ao metaefeito de que tratamos nos tópicos anteriores.

Mas pensemos: se estamos olhando para a transação de tese como figura que transborda os limites tributários, operando como um dos marcos do "novo" cenário [o

O (DES)CONTENCIOSO TRIBUTÁRIO:
DA LITIGIOSIDADE ESCALAR À TRANSAÇÃO DE TESE

cenário do (des)contencioso], essa interpretação (digamos, mais "conservadora") seria a definitiva? Ou, usando outros termos: podemos-devemos parar por aí?

A só formulação dessa provocação induz, imaginamos, à resposta que gostaríamos de ver dada: não; podemos e devemos ser mais "ousados".

Pensando de forma prática, queremos acreditar que determinadas teses podem ser definidas como transacionáveis em edital de cujo bojo seja extraída a interpretação que adotada pela Administração, interpretação essa que, nas hipóteses de adesão do sujeito passivo, pode importar no reconhecimento da inexigibilidade de parte dos créditos a que a tese se reporta – pense-se, para que o exemplo se articule, num debate sobre a composição da base de cálculo de determinado tributo, cuidando a Administração de reconhecer a exclusão de uma específica fração, não de todas as que são objetadas pela tese.

O edital posto em tais termos abrirá aos contribuintes com ações repressivas a natural possibilidade de aderir à transação, abrindo mão, para tanto, da via jurisdicional em seu sentido material, com a simultânea assunção do compromisso de pagar o tributo questionado na demanda concreta, feitos os óbvios recálculos e agregados, se o caso, os benefícios contemplados, como o diferimento.

Mas não é essa situação que estamos querendo ferir nesse momento, senão aquela em que determinado contribuinte tenha ajuizado demanda declaratória, fazendo-o com base nos mesmos fundamentos abordados no edital. Não há, nesse caso, crédito posto a ser saldado, embora a premissa da tese transacionável esteja lá, perfeitamente configurada.

Por coerência, não seria o caso de se conceder a esse contribuinte o acesso viabilizado aos demais, permitindo-lhe, em suma, que adira aos efeitos da interpretação "ofertada" pela Administração e, justamente por isso, abra mão da via jurisdicional?

Pensamos que a resposta a essa pergunta deve ser afirmativa, assim já sugerimos, embora admitamos que, nesses casos, a transação deixará de experimentar o efeito de que trata o art. 156 do Código Tributário Nacional, uma vez inexistente crédito a ser extinto no momento da adesão, detalhe que deixa de ser relevante se colocarmos atenção sobre a persistência dos efeitos de tonalidade processual, sobretudo o do art. 171 – classificável como processual, já que se reporta à ideia de supressão do estado de litigiosidade –, além do metaefeito a que nos referimos linhas atrás – impediente da formação dos novos processos com esteio na mesma tese.

11. Retornando ao caso dos créditos inscritos em Dívida Ativa

Reforça a conclusão sacada no tópico precedente o caso, já visitado, dos créditos inscritos em Dívida Ativa, mas não judicializados.

A Lei n. 13.988/2020 artificialmente atraiu para o campo da transação no contencioso, assim constatamos, os créditos que, posto não questionados pelo contribuinte, foram inscritos em Dívida Ativa.

Mantida a lógica do instituto da transação no contencioso, é naturalmente necessário que o crédito de que falamos esteja relacionado a mesma matriz normativa objetada pelas ações antiexacionais disseminadas a que o edital concretamente se reporte – muito embora, repise-se, ele próprio, o crédito inscrito, não tenha sido judicializado.

Quando atrai essa situação – que não é própria, mas artificialmente expressiva de contencioso –, note-se que a

O (DES)CONTENCIOSO TRIBUTÁRIO:
DA LITIGIOSIDADE ESCALAR À TRANSAÇÃO DE TESE

lei reafirma o propósito transcendental da transação [muito mais afinado ao salto paradigmático, da litigância habitual para o plano da (des)contenciosidade]: ela (a transação) seguirá sendo potencial veículo instrumentalizador da extinção do crédito (art. 156), mas que, indo nas entranhas de uma das maiores patologias do sistema tributário brasileiro, se ocupa tanto ou mais com o clima antinatural de beligerância em que nos metemos nas últimas décadas.

Afinal, a transação está ou não está habilitada, segundo o sistema, a dissolver litígios, a reverter as divergências e, mais do que, a evitá-los?

A não ser que entendamos que a inscrição, em si, seja expressiva de conflituosidade (o que nos parece um equívoco), temos que readmitir: a especial situação de que falamos (dos créditos inscritos) nos dá suficientes argumentos para reconhecer que transação no contencioso foge dos limites usuais, reconectando-nos ao plano metaeficacial em que não se enxerga apenas a solução de conflitos "do presente", mas também (e talvez principalmente) a prevenção de conflitos "futuros".

Tanto quanto ocorre quando falamos em transacionalidade em nível de declaratórias, concluiríamos, que a aceitação pelo contribuinte dos termos do edital nos casos dos créditos inscritos, não só evita a judicialização exacional, mas impede a exteriorização da tese-alvo em termos antiexacionais – e isso, frise-se, de forma extensiva, à medida que o impediente atua sobre quaisquer demandas, tanto as que serviriam para discutir o crédito inscrito, como quaisquer outras.

A conclusão final que se extrai, postas essas ideias, é que a figura criada pela Lei n. 13.988/2020, consideradas suas múltiplas eficácias, pode de fato ser reconhecida a partir das definições estipuladas nos arts. 156 e 171, definições essas que, de todo modo, podem ser afastadas, a depender das projeções concretamente consideradas – como quando falamos de incidência da transação em demandas declaratórias (hipótese em que o efeito do art. 156 é afastado) ou sobre créditos inscritos mas não ajuizados (caso em que é o efeito do art. 171 que se vê alijado).

Significa dizer: a tônica do instituto, olhando-o como um programa legalmente definido para um sistema mais saudável, é a definitivização da ideia de (des)contenciosidade.

Parte 5

A PRAGMÁTICA DA TRANSAÇÃO DE TESE

1. Os objetivos da transação no contencioso

Porque eficacialmente complexa, a transação no contencioso (ou transação de tese, designação que vimos tomando a liberdade de usar desde o início, na intenção deliberada de fazer clara a ideia central do instituto) é igualmente complexa no que se refere a seus objetivos.

Dessa específica complexidade deriva um imperativo prático-metodológico: organizar seus objetivos em diferentes planos, providência que nos concederá um enorme ganho, assim constataremos, em termos de compreensão do instituto em sua movimentação pragmática.

Esses planos a que nos referíamos seriam três – quando menos na perspectiva que elegemos –, assim identificáveis:

> (i) o plano literal-normativo, que parte da textualidade dos arts. 156 e 171 do Código Tributário Nacional,
>
> (ii) o plano metatransacional, diretamente conectado ao salto paradigmático sobre o qual vimos falando desde o início deste livro, e

(iii) o plano individual, atrelado, a seu turno, aos interesses unilateralmente vinculados a cada qual dos atores envolvidos na via transacional.

Repisemos: mais do que clarear o raciocínio e isolar as complexidades inerentes ao instituto, o reconhecimento desses diferentes níveis em que se projetariam os objetivos da transação de tese nos orienta, tal como uma bússola o faria, evitando potenciais confusões de ordem pragmática, sobretudo as que se relacionam à tomada dos interesses individuais, que, mesmo sendo inegavelmente legítimos, não podem ser vistos como a realidade única que governa a transação, tampouco se confundir com os que se conectam ao plano normativo, por exemplo.

Não enxergamos, frise-se, relação hierárquica entre os planos apontados, sendo equivocado dizer que um seria mais vital que o outro: todos interagem e se projetam em diferentes etapas práticas, o que só faz reafirmar o possível equívoco na tomada do instituto a partir de objetivos pessoais-individuais, como se fossem denotativos da essência da transação, o mesmo devendo ser dito quando se pensa no reverso: a definição do objetivo do instituto a partir de um olhar fechado nas posições normativas ou metatransacionais, desconsiderando-se o plano individual.

De mais a mais, vale registrar que essa espécie de construção – com a reunião pragmática de todos os interesses – nos habilitará, ao final, a identificar as bases teleológicas especificamente relacionáveis à transação no contencioso, o que pode significar, numa visão mais holística, a revelação dos princípios regentes do novo paradigma em que inserida a transação no contencioso, o paradigma do (des)contencioso.

1.1 O plano literal-normativo

O primeiro dos planos a que somos remetidos quando pensamos em transação no contencioso é o literal-normativo, o que, longe de surpreender, é esperado e até desejável, dada a posição sobranceira ostentada pela ideia de legalidade.

É importante ressaltar, entretanto, que não estamos falando, aqui, de "legalidade" em sentido aberto, senão da legalidade a que natural e primariamente nos conectamos quando pensamos em transação tributária – a que nos conduz ao Código Tributário Nacional.

Nesse diploma, a atenção do intérprete recai, sem qualquer novidade, sobre dois dispositivos: os decantados arts. 156 e 171, prescritores dos dois objetivos centrais, na dimensão normativa, do instituto:

> (i) viabilizar a extinção do crédito tributário (art. 156),
>
> (ii) proporcionar a solução do conflito a que o crédito a ser extinto se conectaria.

1.2   O plano metatransacional

Pode soar estranha a terminologia empregada para identificar o segundo grupo de objetivos a que a transação no contencioso se vincula.

Para que essa estranheza não contamine o espírito do leitor, advertimos: não é nosso desejo cravar rótulos, esculpindo-os em pedra, senão apenas chamar a atenção para a presença, na transação de tese, de objetivos que se desprendem da literalidade do Código Tributário Nacional e que, por isso mesmo, não seriam aceitos por aqueles que tomam o mencionado diploma como base textual única.

Ser um dado objetivo "metatransacional" significa, assim queremos dizer, que ele está além da explicitude do Código Tributário Nacional, sem que daí derive sua ilegitimidade – aspecto em que residiria a maior virtude, se ela de fato existe, da visão proposta, uma visão mais holística, destrancada do Código Tributário Nacional, sem desacatá-lo, de todo modo.

Ao contrário do que se possa supor, com efeito, ao prescrever, via art. 171, que a transação instrumentaliza a solução de litígios, o Código Tributário Nacional abre espaço para o reconhecimento de objetivos muito mais processuais – tratáveis em nível de legislação federal ordinária, interpretada em integração com o Código de Processo Civil, portanto – do que propriamente tributários, daí defluindo o emprego do prefixo "meta" sem qualquer sentido de "desacato", como já frisamos.

Seja lá o nome que se queira dar ao grupo de objetivos que referimos, dois seriam, assim detectamos, os pontos a ele vinculados – ambos bem compreensíveis se tomarmos o Código de Processo Civil de 2015 e o giro paradigmático que ele sugere como referências:

> (i) prevenir a configuração de novos conflitos fundados na base teórica eleita como pilar da transação de tese, e

> (ii) impedir a relitigação sob o mesmo fundamento teórico a que a transação de tese se reporta, criando-se, nesse sentido, um pressuposto processual negativo de eficácia análoga à coisa julgada material.

1.3 O plano individual

Chamamos de "individual" o terceiro dos planos em que alojáveis os objetivos da transação de tese – o mais delicado de todos, parece.

Assim resolvemos identificá-lo por sua correlação aos interesses unilateralmente titularizados por cada qual dos protagonistas da transação de tese – Fisco e contribuinte –, justamente o ponto que torna, como dissemos, "delicada" a análise desse plano.

É inegável a existência de um interesse sistêmico – mormente se pensarmos de multilateralidade inerente ao fenômeno tributário-financeiro – tanto na extinção de litígios, como na não formação de novas "crises" processuais, além da satisfação de créditos pendentes.

Entre o que interessa ao sistema tributário-financeiro tomado em dimensão ampla e o que interessa ao Fisco e aos contribuintes em nível isolado há (ou pode haver), porém, uma distância que, na conformidade de cada qual, será mais ou menos generosa. Daí, precisamente, é que deriva a indisputável necessidade de tocarmos a ferida e tratar, à parte, os interesses daqueles sujeitos, ou, no vocabulário proposto, o plano "individual" da transação de tese – muito embora seja ela, por definição, expressiva de natural bilateralidade.

1.3.1 Objetivos da Fazenda

Como ressaltado, é nosso propósito abordar, aqui, os objetivos que mobilizam, isoladamente, Fazenda e contribuintes em torno da transação de tese.

Estivéssemos limitados às ideias desde antes apresentadas, poderíamos dizer que ambos têm em mira eliminar os litígios que os afligem, evitar a propagação de novas demandas, além de pôr fim aos créditos pendentes – todos objetivos mais que legítimos.

Não podemos nem queremos nos reter, entretanto, a essas noções, porque conexas, em rigor, não ao plano individual daqueles atores, sendo bilaterais – ou melhor, multilaterais, já que relevantes para além daqueles personagens. Usando outros termos: muito embora participem (ou devam participar) do campo de interesses tanto do Fisco quanto dos contribuintes, aqueles objetivos não expressam o desejo individual que os agita em sua posição jurídica original, funcionando quando muito como uma espécie de recompensa indireta gerada pelo estado de (des)contenciosidade.

Objetivos que afetam o nível individual dos atores da transação: é disso que devemos falar, isolando, para que o caminho seja satisfatoriamente percorrido, uma e outra das posições, a começar pela do Fisco.

Porque coloca em xeque a exigibilidade do crédito tributário, a tese que funda as lides tidas por disseminadas pode redundar, num primeiro momento, no adiamento do resultado buscado pela atividade tributante – a arrecadação –, comprometendo-a definitivamente, ao final, na hipótese de julgada a demanda desfavoravelmente ao Fisco.

É sobre a imediatidade da arrecadação, além da neutralização de uma possível derrota, que recai a atenção do Fisco quando se debruça sobre a possibilidade de transacionar.

Condições para tanto há – e não são poucas – e devem ser naturalmente observadas. Retidos sobre o objetivo que mobiliza o Fisco, porém, não trataremos dessas condições para o alavancamento da transação de tese, limitando-nos a reiterar: é na arrecadação que o olhar desse personagem repousa.

Numa conta grosseira, isso significa que ao Fisco importa calibrar, na definição da viabilidade de seu objetivo central, os efeitos proporcionados pela "arrecadação convencional" – a que ocorreria com o pagamento ao final da lide, caso derrotado o contribuinte – com os que o seriam com a interposta figura da transação.

Tempo, custo de manutenção da demanda, consistência da resposta jurisdicional, além da análise da orientação pretoriana para situações possivelmente análogas e dos impactos financeiros na concessão de descontos e/ou parcelamentos: esses são, certamente, pontos que hão de integrar a equação que definirá a posição do Fisco, uma equação bem complexa, mas que, no fim das contas, se resolve na ideia nuclear de promover a arrecadação.

1.3.2 Objetivos do contribuinte

Os mesmos registros há pouco feitos em relação ao Fisco valem, em medida adaptável, para o contribuinte: tanto quanto para aquele outro, o Fisco, também para os contribuintes a eliminação dos litígios, a contenção de novas demandas, a liquidação de passivos fiscais que sejam incômodos, tudo isso está (ou deve estar) no seu radar, atuando, porém, como objetivos "indiretos" – multilaterais, esses objetivos não são peculiares à posição do contribuinte; são sistêmicos e não expressam, por isso, aquilo que estamos chamando de interesse individual (no caso, do contribuinte).

Os objetivos que afetam contribuintes em nível verdadeiramente individual são detectáveis pela conjunção de aspectos similares ao do Fisco, assim operando o tempo de duração do processo, a consistência da resposta jurisdicional, os custos de manutenção da pendência (sobretudo quando confrontados com as concessões outorgadas no edital), mas, ao fim e ao cabo, o que fica (ou deve ficar) na retentiva dos contribuintes é o cotejo entre o possível êxito da demanda, o risco de derrota (com consequente necessidade de pagamento integral do crédito) e a intermediária posição proporcionada pela transação, a envolver o pagamento imediato, mesmo que parceladamente, de valor mais ou menos reduzido (de acordo com o plano de descontos porventura dado pelo edital).

Da combinatória dessas ideias, parece claro que o objetivo perseguido pelo contribuinte é como que a contraface do objetivo que movimenta o Fisco (arrecadação), a saber, a maximização de sua economia tributária "em termos seguros" [usamos a expressão "em termos seguros" (grafando-a entre aspas), porque, literalmente considerada, a máxima economia que uma demanda pode gerar ao contribuinte advém do esgotamento vitorioso de sua demanda, um resultado em relação ao qual, entretanto, não é possível associar irremediável segurança].

Daí a conclusão, ao final, de que o objetivo que agita a adesão do contribuinte passa por uma análise tão complexa quanto a que é feita pelo Fisco, mas que, a par de sua complexidade, seria redutível à ideia de economia tributária em patamares que, embora menos expressivos dos que seriam obtidos se exaurida a lide com sua vitória, são compensados pelo atributo da segurança.

1.4 Quadro-resumo

Em resumo do que foi exposto:

Objetivos da transação no contencioso			
plano literal-normativo	1. viabilizar a extinção do crédito tributário	2. proporcionar a solução do conflito a que o crédito a ser extinto se conectaria	
plano meta-transacional	1. prevenir a configuração de novos conflitos fundados na base teórica eleita como pilar da transação de tese	2. impedir a relitigação sob o mesmo fundamento teórico a que a transação de tese se reporta, criando-se um pressuposto processual negativo de eficácia análoga à coisa julgada material	
plano individual	Fazenda	promover a arrecadação, desvinculando-a da solução do litígio pelo esgotamento da via jurisdicional	**Referenciais:** tempo de duração do processo, custo de manutenção da demanda, consistência da resposta jurisdicional, orientação pretoriana para situações possivelmente análogas, impactos financeiros na concessão de descontos e/ou parcelamentos
	Contribuinte	maximização da economia tributária em ambiente mais "seguro" do que o que seria proporcionado com o esgotamento da via jurisdicional	**Referenciais:** tempo de duração do processo, consistência da resposta jurisdicional, custos de manutenção da pendência (sobretudo quando confrontados com as concessões outorgadas no edital).

2. A dinâmica da transação no contencioso

Definidos os objetivos a que se vincula a transação no contencioso – sempre demarcados, tais objetivos, em diferentes planos –, podemos avançar para o nível, digamos, mais "operacional", descrevendo o instituto em sua dinâmica.

Lembremos, nesse sentido e antes de tudo, que, até por envolver propósitos multilaterais, a transação não se pragmatiza de forma instantânea, estando muito mais afeita a uma estrutura "molecular", de "procedimento" (no sentido de conjugar diversos atos-passos) do que à noção de "partícula", de "átomo".

2.1 Passo "1"

Legalidade é, diante das condições em que mergulhada a transação tributária, um quesito inquebrantável: se um dos atores da complexa fenomenologia que desaguará no ato-fim (o termo que formaliza a transação) é a Administração, é preciso supor, ao menos quanto a ela (a Administração), a persecução rígida dos passos prévia e expressamente fixados em lei.

De tal observação, porém, não decorre a conclusão de que a Fazenda é despida de discricionariedade no contexto transacional.

O primeiro dos passos do ciclo, aliás, é claramente marcado por essa ideia – a de discricionariedade: o desejo de abrir mão da via jurisdicional, mesmo que necessariamente estribado em fundamentos que devem ser precedentemente avaliados, envolve uma decisão discricionária, insuscetível de controle em si mesma.

Quer isso significar que sobre a decisão administrativa de encaminhar ou não determinada tese para a via transacional, não é possível opor pretenso direito subjetivo de quem quer que seja.

Usando termos mais diretos: não é dado ao contribuinte que deseje transacionar exigir da Fazenda a publicação de edital que contemple a tese por ele, contribuinte, vertida.

2.2 Do passo "1" para o "2"

Compreendamos, de todo modo, que essa discricionariedade a que nos referimos diz respeito à decisão fazendária de usar a via da transação, opção que, se de fato for manejada, deverá seguir os parâmetros normativos, o que implica reconhecer que, subsequentemente ao passo "1" (discricionário), sobrevém um passo ("2") estritamente vinculado à legalidade.

Vale dizer: para que a discricionariedade da decisão fazendária seja legitimamente exercitada e se concretize na produção do derivado edital, é preciso que o objetivo da Fazenda (promover a arrecadação, como já apontado) esteja escudado no preenchimento das normas para tanto prescritas – assim as que se colocam registradas na Lei n. 13.988/2020, assim as que se vinculam ao plano normativo.

2.3 Do passo "2" para o "3"

A produção do edital a que nos referimos, evidentemente, não fecha o ciclo procedimental da transação: dada sua multilateralidade, insista-se, outros tantos passos hão de ser dados, supondo-se a interposta adesão, naturalmente, do contribuinte como ato imediatamente seguinte (passo "3").

Nesse momento – a etapa pós-edital –, ao contribuinte será dado "fazer suas contas", aferindo se e em que medida a via transacional atende a seus interesses.

Observe-se, de todo modo, que, diferentemente do que sucede com a Fazenda [para a qual, a despeito da noção de discricionariedade (a significar que não se lhe afigura oponível o dever de produzir edital do que quer que seja), é imperativa a obediência aos parâmetros normativamente definidos se a decisão fazendária for pela transação], para o contribuinte o "cálculo" revolverá questões eminentemente privadas, estando insubmisso a regras previamente estabelecidas.

Por outros termos: o contribuinte adere à proposta vertida no edital se assim se convencer e ponto!

2.4 O passo "4" e sua variabilidade

Fixado o terceiro passo do ciclo de desenvolvimento da transação, sobrevirá a formação de um juízo de valor, pela Administração, juízo esse a ser firmado em torno da pertinência da adesão tencionada pelo contribuinte, uma espécie de "cara-crachá" entre o que o edital preconiza e a situação concretamente focalizada.

Esse passo ("4"), por envolver uma deliberação escorada nas regras do edital, poderá gerar eventual objeção do contribuinte, assim especificamente se a resposta da Administração for contrária à intenção por ele (contribuinte) manifestada. E aí, note-se, como é importante distinguir os momentos pré e pós-discricionariedade administrativa: (i) se é certo dizer que a Administração tem liberdade, respeitados os parâmetros normativos, para decidir se vai ou não trilhar a via transacional, (ii) é igualmente certo que, sendo positiva sua decisão, estará adstrita aos termos do edital que externaliza sua opção. Por isso, eventual recusa de acesso verificada no momento "pós- discricionariedade" pode ser combatida pelo contribuinte, hipótese em que o ciclo procedimental da transação será naturalmente esticado.

2.5 Do passo "4" para o "5" e o subsequente passo "6"

Tirante a contingência a que nos referimos no tópico anterior (derivada de eventual negativa de acesso ao contribuinte que deseja aderir à proposta vertida em edital), o que se supõe é que, assentado o consenso, daí sobrevirá a formação do instrumento de linguagem correlato (passo "5"), cujo conteúdo será levado a conhecimento (passo "6") da autoridade julgadora que preside o processo em que a tese transacionada foi veiculada.

Esse ato de comunicação (direcionado, repita-se, à autoridade jurisdicional, judicial ou administrativa, conforme o caso), além "trilateralizar" o procedimento gerador da transação (até então restrito aos protagonistas da cena tributária, Fisco e contribuinte), permite a exteriorização formal de parte expressiva dos efeitos objetivados pelo instituto, dentre os quais afloram, importantíssimas, (i) a extinção do litígio (a se sedimentar mediante a produção de sentença ou decisão homologatória), (ii) a geração do impediente de relitigação e (iii) a formação de potencial título executivo (manejável nas hipóteses de incidental descumprimento das obrigações fixadas no termo de transação).

Importa realçar, no entanto, que o passo "6" (revelado, insistamos, pelo ato de comunicação ao órgão julgador) não se apresenta inflexível. Pensemos, para que se compreenda essa questão, nos casos, desde antes abordados, dos créditos inscritos mas não judicializados (nem em nível de cobrança, nem em nível antiexacional): a submissão do termo de transação à homologação da autoridade julgadora é, em hipóteses desse timbre, inviável, salvo se construído um caminho procedimental especificamente direcionado a esse fim (a homologação, reitere-se), o que não nos deve surpreender, posto que antiga, em nosso sistema processual, a chamada "jurisdição voluntária", apetrechável por meio de procedimentos canalizados à homologação (e consequente outorga de certeza) a determinadas situações jurídicas consensualmente edificadas pelos respectivos titulares – todos devem se lembrar do "velho" (e talvez não mais tão usado) divórcio consensual, procedimento em que nada é literalmente julgado, justamente o que ocorreria na situação da transação, que corre a par da existência concreta de um processo, judicial ou administrativo, a respeito da tese transacionada.

2.6 O passo "7"

As situações de que falamos no fechamento do tópico precedente talvez não sejam (nem venham a ser) as mais expressivas em termos práticos, o que nos faz pensar que o passo "6" de fato será uma quase constante, seguindo-se, por derivação, a correlata homologação – expressiva do passo "7" –, materializada em linguagem de sentença ou de decisão administrativa, a depender do ambiente em que estivermos.

Como juízo homologatório, não custa destacar que o ato de que falamos é absolutamente secundário em termos conteudísticos. Não é ele, em suma, que trará a resolução do litígio, papel desempenhado pelas opções ajustadas no termo de transação, documento sabidamente bilateral, resultante da conjunção da vontade do Fisco (manifestada no edital) com a do contribuinte (manifestada em sua adesão).

É importante dizer isso, mormente quando estamos lidando com a via judicial, para que não fique a indevida impressão de que, produzida a sentença homologatória no bojo de tal processo (judicial), a lide será tida por resolvida em seu mérito, formando-se, daí, a correspondente coisa julgada material: a sentença de que falamos, conquanto ponha fim ao processo e seja considerada formalmente necessária para o desfecho do procedimento a que a transação se atrela, não pode ser vista como uma sentença de mérito usual, daquelas que enfrentam a temática controvertida e que acolhe ou rejeita, ao final, a pretensão do autor. Seu conteúdo, por homologatório, é puramente remissivo às condições fixadas no termo de transação, não se afigurando possível dizer, daí, que seja ela indutiva de prognose, seja em relação à posição fazendária, seja em relação à posição do contribuinte.

2.7 Síntese

Em reescritura sumária, assim descreveríamos, passo a passo, o ciclo procedimental a que a transação no contencioso se atrela:

Passo "1": deliberação administrativa (discricionária) pela viabilidade da transação [essa deliberação, embora discricionária, deve estar escorada em análise efetivada segundo os parâmetros normativamente definidos];

Passo "2": produção do edital que formaliza a opção descrita no passo anterior;

Passo "3": manifestação, pelo contribuinte, da intenção de aderir à transação;

Passo "4": deliberação administrativa sobre a viabilidade da intenção de adesão manifestada pelo contribuinte;

Passo "5": produção do instrumento que formaliza em linguagem a transação concretamente considerada;

Passo "6": comunicação à autoridade julgadora;

Passo "7": homologação pela autoridade julgadora.

3. Elementos que dão suporte à opção pela via transacional (perspectiva fazendária)

Mesmo que sabendo que a Fazenda não é titular do dever de oferecer transação no contencioso, dominando a cena, nesse contexto, a ideia de discricionariedade, é preciso sempre lembrar: o "sim" da Administração e a derivada produção do respectivo edital está indelevelmente atrelada a condições previamente estabelecidas no plano normativo.

Com essas condições presentes, em suma, a Administração "pode" lançar ou não (aí está sua discricionariedade) o edital; sem essas condições, a via transacional não é manejável, o que subtrai do campo de opções administrativas seu emprego, reduzindo, naturalmente, o campo de abrangência de sua discricionariedade.

As condições necessárias à formação da vontade da Fazenda, no âmbito da transação no contencioso, podem ser assim resumidamente expostas:

> (i) a constatada existência de tese jurídica relevante e disseminada,
>
> (ii) a inexistência de indicativos de solução da tese no ambiente jurisdicional,
>
> (iii) a conclusão de que o tempo demandado para a solução da tese em ambiente jurisdicional é incompatível com o propósito arrecadatório que mobiliza o Fisco,
>
> (iv) a verificação de que, por seu perfil, a tese jurídica pode vir a ser resolvida no ambiente jurisdicional de forma inconsistente.

3.1 Relevância e disseminação da tese

O conceito de tese jurídica relevante e disseminada – item (i) retro – foi artificialmente definido pelo § 3º do art. 16 da Lei n. 13.988/2020, o que reduziria o trabalho de fazendário a um singelo confronto de informações objetivas.

A definição, no entanto, é aberta e de certa forma "circular":

> Art. 16. (...)
>
> § 3º. Considera-se controvérsia jurídica relevante e disseminada a que trate de questões tributárias que ultrapassem os interesses subjetivos da causa.

O (DES)CONTENCIOSO TRIBUTÁRIO:
DA LITIGIOSIDADE ESCALAR À TRANSAÇÃO DE TESE

Pelo que se vê, reputa-se verificada a "relevância" do litígio em função do seu alcance ("disseminação") na sociedade, o que significa, por interdefinição, que disseminação e relevância se retroimplicariam – uma conclusão que dificulta o raciocínio.

Esse modo talvez não tão claro de fixar premissas foi dissolvido pela Portaria n. 247/2020 do Ministério da Economia (ME), donde se extrai, agora com a esperada objetividade, o conceito de um (disseminação) e outro (relevância) daqueles elementos –§ 1º e incisos I a IV do art. 30, tratando da disseminação; § 2º e incisos I a III do mesmo dispositivo, tratando da relevância.

> Disseminação
>
> Art. 30. (...)
>
> § 1º. A controvérsia será considerada disseminada quando se constate a existência de:
>
> I - demandas judiciais envolvendo partes e advogados distintos, em tramitação no âmbito de, pelo menos, três Tribunais Regionais Federais;
>
> II - mais de cinquenta processos, judiciais ou administrativos, referentes a sujeitos passivos distintos;
>
> III - incidente de resolução de demandas repetitivas cuja admissibilidade tenha sido reconhecida pelo Tribunal processante; ou
>
> IV - demandas judiciais ou administrativas que envolvam parcela significativa dos contribuintes integrantes de determinado setor econômico ou produtivo.[52]

---

52. Os incisos I a III do § 1º do art. 30 estipularam critérios objetivos para conceituar a disseminação do litígio, ao prescrever, por exemplo, a necessidade de uma certa quantidade de processos aptos a revelar que a controvérsia espraia-se na sociedade, ou que tramitam em pelo menos três Tribunais Regionais Federais, ou, ainda, quando houver incidente de resolução de demandas repetitivas admitido pelo respectivo Tribunal, com relação à tese transacionada.
Por sua vez, o inciso IV daquele dispositivo, pautando-se no aspecto subjetivo, definiu a disseminação do litígio quando os processos judiciais ou administrativos envolverem parcela significativa dos contribuintes integrantes de determinado setor econômico ou produtivo, de forma que a solução da tese eleita para a transação se traduza em um mecanismo de imposição de igualdade de condições concorrenciais

Relevância

Art. 30. (...)

§ 2º. A relevância de uma controvérsia estará suficientemente demonstrada quando houver:

I - impacto econômico igual ou superior a um bilhão de reais, considerando a totalidade dos processos judiciais e administrativos pendentes conhecidos;

II - decisões divergentes entre as turmas ordinárias e a Câmara Superior do CARF; ou

III - sentenças ou acórdãos divergentes no âmbito do contencioso judicial.[53]

É de interesse realçar que, em ambos os parágrafos do art. 30, os respectivos incisos são acompanhados pelo conectivo "ou" includente, o que quer significar que tanto a disseminação quanto a relevância são administrativamente constatáveis desde que presente pelo menos um dos requisitos contidos em cada um daqueles mesmos incisos – nada impedindo, de todo modo, que se reúnam dois ou mais.

3.2 A inexistência de indicativos de solução da tese no ambiente jurisdicional

O segundo pressuposto a que nos referimos no tópico "3" diz respeito à inexistência de indicativos de solução no ambiente jurisdicional.

A Portaria ME n. 247/2020 dispõe, em seu art. 30, que, "preferencialmente", a tese focalizada não tenha sido

---

aos agentes atuantes no mesmo setor. Tal critério subjetivo buscou fundamento de validade no § 2º do art. 16 da Lei n. 13.988/2020.

53. O § 2º do art. 30, pelo que se vê, definiu relevância segundo parâmetros objetivos no seu inciso I, a dizer, quando o litígio cause impacto igual ou superior a um bilhão de reais; já no que tange aos incisos II e III (que abordam a necessidade de decisões divergentes no âmbito do CARF ou do Poder Judiciário nas hipóteses especificadas), o critério subjetivo construído é de tom muito mais subjetivo, demandando um espectro de interpretação que não se vê no inciso precedente.

afetada a julgamento pelo rito dos recursos repetitivos, a denotar que a solução jurisdicional uniformizadora a seu respeito ainda se mantém distante.

As letras "a" e "b" do inciso II do § 1º do art. 29, bem como o inciso II do § 2º do mesmo dispositivo, impõem, a seu turno, que a PGFN e a Receita Federal realizem o cotejo da tese a ser transacionada com as soluções judiciais ou administrativas relativas a teses similares – uma tarefa árdua e ainda pouco repercussiva, pois a pragmática evidencia que, mesmo que tais soluções existam, não é possível antever qual será a conferida à tese a ser transacionada; essa observação é constatável no exemplo da exclusão do ICMS das bases de cálculo do PIS e da Cofins, tema para o qual, mesmo havendo entendimento sumulado no Superior Tribunal de Justiça, sobreveio, anos mais tarde, orientação diversa no Supremo Tribunal Federal.

3.3 A questão do tempo demandado para a solução em ambiente jurisdicional

O terceiro elemento componente do processo de formação da vontade da Fazenda na veiculação do edital diz respeito ao tempo estimado para que se dê a composição do conflito, aspecto que se objetiva em razão do propósito arrecadatório que mobiliza o comportamento fazendário.

De acordo com o item 10 da Exposição de Motivos da Medida Provisória n. 899/2019,[54] o *telos* da transação na modalidade estudada é o de eliminar litígios entre Fisco e contribuintes com vistas à arrecadação de valores aos cofres da União.

---

54. "Estimativas conservadoras apontam como resultado da medida a arrecadação de R$ 1,425 bilhão em 2019, R$ 6,384 bilhões em 2020 e R$ 5,914 bilhões em 2021, sem prejuízo da economia de recursos decorrentes da solução dos litígios encerrados pela transação."

Mais uma vez é a pragmática elemento vital para a compreensão das coisas: dela se extrai, sem esforço, que a solução jurisdicional pode se tornar um caminho inibitório da arrecadação, uma vez que as discussões sobre tese jurídica dependem majoritariamente do pronunciamento do Supremo Tribunal Federal, o que demanda um longo caminho – reitere-se, nesse sentido, o exemplo do conflito envolvendo a exclusão do ICMS das bases de cálculo do PIS e da Cofins, iniciado por volta de 1991 e resolvido em 2021.

Nessa medida, o inciso III do § 1º do art. 29, e os incisos I e IV do § 2º do mesmo artigo, prescrevem que a PGFN e a Receita Federal estimem quais os impactos da transação da tese sobre a arrecadação, impondo ao Fisco o exercício de contrapor a arrecadação imediata em face da aposta no enfrentamento da discussão.

3.4 A possível inconsistência da solução aparelhada em ambiente jurisdicional

Por fim, o último dos elementos antes apontados – a compor igualmente o processo de formação da vontade fazendária no oferecimento da transação de tese – depende do que chamaríamos de "teste da (in)consistência": quando for possível antever que a solução jurisdicional empregará termos genéricos, desafiando ampla interpretação, com a consequente manutenção do estado de dúvida sobre o encaminhamento prático a ser dado (fato gerador das lides derivadas, as chamadas "teses-filhote"), o teste é positivo e sugere a busca de outro canal que não o jurisdicional.

Expliquemos.

Proposta uma demanda, o estado de dúvida presente a partir desse momento permitiria, em princípio, a identificação de duas objetivas possibilidades:

(i) o acolhimento do pedido do contribuinte, com o reconhecimento da inexigibilidade do tributo,

(ii) a sua rejeição, mantido, portanto, o estado de exigibilidade.

Se a demanda estiver assentada em tese jurídica, a dúvida a que nos referimos é naturalmente transposta para seu conteúdo, afigurando-se muito mais teórica do que concreta.

Pois bem, entre as duas objetivas possibilidades a que nos reportamos – e que, por serem duas, nos conduzem a um universo de probabilidades aparentemente singelo –, há um campo praticamente infinito de variáveis: se estamos falando de demanda assentada em tese jurídica, sua composição (da tese, não da lide concretamente considerada) dar-se-á mediante a eleição de elementos de fundo os mais variados, alguns inclusive em nível de *obiter dictum*, operações jurisdicionais discursivas que dão aos destinatários da solução formulada um amplo leque de interpretações.

Há teses em que esse fenômeno é mais presente, outras nem tanto, e esse é o exercício a ser feito pela Administração no momento da formação de sua vontade quanto ao lançamento do edital.

3.5 O processo de formação da vontade do contribuinte na adesão

Se objetivamente, é a Administração que dá o primeiro passo no complexo de atos inerentes à transação – materializado pela emissão do respectivo edital –, devemos lembrar que, por estar relacionado à tese antiexacional, a transação no contencioso encontra sua base remota na figura do contribuinte, representada, tal base, na tese por ele construída.

É possível dizer, por isso, que o que há de animar o contribuinte na persecução da via transacional será, idealmente, uma decisão (responsavelmente assumida) ao tempo da formulação e exteriorização de sua demanda-tese, fazendo-o com vistas sobre os possíveis limites para o emprego, no futuro, da transação.

Quanto mais o contribuinte proponente de demanda baseada em tese jurídica dominar o alcance prático dessa mesma tese, seus detalhes operacionais-pragmáticos, mais apto estará a formar, no futuro, sua vontade diante de eventual edital que tome essa mesma tese como referencial.

Quando a Administração decide publicar o edital de transação, está tornando pública sua intenção de desconectar-se da via jurisdicional para fins de solução da tese. Aderindo ao edital, o contribuinte formaliza, em linguagem, vontade dirigida para o mesmo sentido, de modo a forjar, assim já vimos, um impedimento à litigação conectada com o mesmo conteúdo.

Por isso, falamos de uma opção "responsavelmente assumida" e que deve ser concebida, na medida em que vamos incorporando a transação como figura de uso efetivamente possível, no momento da elaboração da tese – constatação que, note-se, nos remete mais uma vez à ideia de salto paradigmático, posto que a advocacia contenciosa privada, fixados esses termos, deixa de lado a perspectiva puramente jurisdicional e passa a operar com a acústica multiplicidade de rumos, dentre os quais, portentosa, ressalta, a transação de tese.

4. As exceções ao impedimento da "relitigação" (judicialização) da tese

Falamos, no fechamento do tópico anterior, da trava à (re)litigação gerada pela adesão do contribuinte à proposta de transação contida em certo edital.

Administrativamente aprovada a intenção de adesão, o efeito processual a que nos referimos apresentar-se-á, embora não deva ser tomado de forma absoluta.

Há, deveras, ao menos quatro casos em que a transação não implicará a formação do aludido óbice:

> (i) quando redefinida a tese pelo Judiciário,
>
> (ii) quando o quadro normativo que dá base à tese transacionada é modificado,
>
> (iii) quando colocada em xeque a higidez do ato que materializa a transação, ou por vício formal ou na formação da vontade do contribuinte,
>
> (iii) quando se debatem os efeitos dela, transação, derivados.

4.1 Superveniência de precedente em sentido contrário à tese transacionada

Há três pontos que justificam a excludente em foco, independentemente de sua expressa previsão em lei (há de fato tal previsão, mas preferimos ver a coisa antes de tudo em sua dimensão lógica); por isso a referência a esses tais pontos:

> (i) ordinariamente, a transação no contencioso pressupõe, já sabemos, a presença de demandas pendentes de decisão, mormente em nível judicial – significa dizer: a jurisdição está instalada sobre o tema, apresentando-se disseminada,
>
> (ii) a conformação da vontade dos envolvidos nessas demandas no sentido da efetivação da transação implicará o natural afastamento da via jurisdicional, efeito que se projeta, por certo, apenas para aqueles que assim se colocam,
>
> (iii) a *contrario sensu*, como a transação deflui de um ato de vontade livre, fulcrado na convergência dos atores, quando assim não se verificar, seguirá intacta a via jurisdicional.

Postos esses dados, é fácil inferir que, embora a transação substitua, nas hipóteses em que consolidada pela adesão do contribuinte, o exercício material da jurisdição, nem sempre (ou melhor, praticamente nunca) ficará o Judiciário privado da oportunidade de falar sobre a tese, bastando que sobre uma única ação pendente (não transacionada) para que se estabeleça o fenômeno do "concurso de meios resolutivos", uma importante característica do regime multiportas que vem sendo paulatinamente construído no Brasil e que se resume à ideia de possível coexistência de diferentes mecanismos resolutivos – não propriamente sobre o mesmo "caso concreto", mas sobre o mesmo "tema".

Pois é exatamente esse ambiente que nos permite enxergar a necessidade lógica de "acertamento" dos efeitos decorrentes desses diferentes mecanismos, tudo para que não se coloque em dúvida a higidez do sistema, macrofenomenicamente considerado.

Se é certo que quem não aderiu à transação segue sob o domínio eficacial pleno da jurisdição, é de se pensar: e quem aderiu, está adstrito a uma série de obrigações e se vê, depois do julgamento do tema em desfavor da Fazenda, como que colhido por uma espécie de "autocilada"?

Repetindo o mesmo vocábulo há pouco empregado, "macrofenomenicamente" esse é um problema muito expressivo, pois, além de radicar desigualdades em nível prospectivo indefinido, atrai a sensação de que a transação pode de fato representar uma armadilha.

Por isso a necessidade de, configurada a sobredita cena, a transação ceder, quando menos em relação ao futuro – entendido como "futuro", nesse contexto, tudo quanto se daria após o julgamento, pelo Judiciário, da tese.

Sensível a esse dado, a segunda parte do inciso II do § 1º do art. 19 da Lei n. 13.988/2020, dispôs, com efeito, que, uma vez sobrevindo precedente nos termos dos incisos I, II, III e IV do art. 927 do Código de Processo Civil, bem como ocorrendo as hipóteses previstas na Lei n. 10.522/2002 (especialmente aquelas descritas no art. 19, incisos V e VI, letras "a" e "b"), com a instalação, pela via jurisdicional, de entendimento em sentido contrário ao da transação, cessa, e a partir de então, sua eficácia (da transação), sem a necessidade do contribuinte propor ação judicial para tal fim.

Nessas condições, se o contribuinte estava adstrito, por exemplo, ao pagamento parcelado do crédito a que a tese se refere, tal obrigação cessaria *ex nunc*, sem que se lhe oponha, ao contribuinte, consequências sancionatórias típicas do descumprimento do termo de transação.

Nossa preocupação, aqui e agora, não é, porém, apresentar esse dado e ponto.

Lembre-se: estamos falando de exceções da trava à relitigação e, se essa é a nossa preocupação, devemos considerar que nem sempre as coisas fluirão serena e pacificamente, devendo ser consideradas ao menos duas situações nesse delicado território:

> (i) pode que não seja simultaneamente clara, para Fisco e contribuinte, a submissão do caso transacionado ao caso julgado, fato que importará a abertura de uma espécie de "subcontencioso", especificamente canalizado a testar a justaposição das hipóteses e aferir, por consequência, os efeitos daí aplicáveis,

> (ii) pode, por outro lado, que o contribuinte pretenda se ver livre não apenas das obrigações (derivadas da transação) vincendas, almejando a restituição dos pagamentos realizados na etapa pré--julgamento [sobre essa variável, críticas poderiam ser lançadas, sobretudo se se pensar que, até o julgamento, o contribuinte, se beneficiou das vantagens outorgadas pelo regime transacional; no entanto, operando, aqui, em termos mais analíticos do que opinativos, preferimos registrar essa hipótese como possível desdobramento em que a relitigação seria um elemento potencial (o futuro breve nos dirá em que trilha seguiremos)].

4.2 Superveniência de lei alteradora da regra-matriz de incidência tributária ensejadora da tese

A Portaria ME n. 247/2020 estabelece, em seu art. 4º, inciso VI, alínea "b", que cessam os efeitos prospectivos da transação, tal qual fixada no edital, se sobrevier lei que altere a regra-matriz de incidência tributária objeto da tese.

Realcemos, de todo modo, que a lei superveniente só gerará efeito prejudicante da transação se a alteração a que nos referimos for substancial, afastada a possibilidade de se falar em alteração legislativa pela mera produção de norma com o mesmo conteúdo.

Como no caso anterior, aqui também, a relitigação se apresenta como elemento aceitável se entre Fisco e contribuinte não houver consenso sobre o alcance da modificação legislativa, ademais da possível invocação do direito à restituição (valendo a mesma observação sobre o tom duvidoso que incide nesse último ponto).

4.3 A dúvida sobre a higidez do ato que formaliza a transação

A terceira situação de possível flexibilização do impediente à relitigação é de fácil compreensão, parece, à medida que o problema não recai sobre a tese transacionada em si mesma, mas sobre a forma como a transação se desenrolou.

Como se passa com os atos jurídicos de uma maneira geral considerados, também aqui, quando falamos de transação no contencioso tributário, é preciso supor o cumprimento da forma normativamente prescrita, além, o que é mais importante, da formação escorreita da vontade do contribuinte.

Duas advertências devem ser tomadas, porém:

> (i) vícios formais nem sempre geram nulidade, sendo corrente em nosso sistema jurídico a ideia segundo a qual *pas de nullité sans grief*, ademais daquela que anuncia que vícios originados pelo arguidor devem ser vistos com especial cuidado, sob pena de se prestigiar, indevidamente, a torpeza,
>
> (ii) a invocação, pelo contribuinte, de "problemas" na formação de sua vontade não pode se escudar em aspectos que revelam seu despreparo em relação ao tema (decisões tomadas nesse contexto, assim já dissemos, devem ser estudadas com responsabilidade, um ponto óbvio, não fosse o fato de que, na transação de tese,

ocorre a "dispensa" da atuação jurisdicional, sobrelevando-se o protagonismo dos atores da relação tributária, Fisco e contribuinte, que assim devem se comportar, como protagonistas, reitere-se, não como coadjuvantes descalçados de mínimo vigor).

4.4 Sobre os efeitos da transação derivados

A par do que foi tratado até aqui, há uma quarta hipótese em que o impedimento à relitigação pode ceder e que, como a anterior, pode derivar do eventual déficit dos atores, sobretudo do contribuinte, no que diz respeito com a compreensão do instituto.

Lembremos: a transação de tese, como se passa com a transação tributária em gênero considerada, importa na solução do litígio de base mediante a outorga de concessões reciprocamente ajustadas entre os titulares dos interesses em jogo.

O que é curioso apontar é que esse ajuste do litígio não é, em si e no mais das vezes, um "adeus" definitivo: dele deflui uma verdadeira circuitaria de obrigações – para o contribuinte, em especial, a obrigação de pagar, com desconto e/ou parceladamente.

Se incompreendidos ou distorcidos esses dados, tomando-se a transação, por exemplo, a partir da ingênua imagem de que ela, em si, soluciona magicamente os problemas que afligem um e outro lado, é bem provável que tenhamos problemas – cuja gravidade pode proporcionar a formação de "subcontenciosos" os mais variados, o que, se não compromete direta e fatalmente a própria transação, opera como um potencial embaraço naquilo que mais se deseja no paradigma do (des)contencioso – a desjurisdicionalização das questões tributárias.

4.5 Exceções à trava da litigação, as hipóteses enumeradas e o que não podemos deixar de considerar nesse contexto

A enumeração de casos em que trava da litigação é flexibilizável, antes de gerar no espírito dos potenciais "transacionantes" a sensação de fragilidade da transação no contencioso, deve ser tomada com um alerta, sobretudo no que se refere ao nível de responsabilidade que ela, transação de tese, exorta.

Não que se esteja enfrentando uma espécie de abismo mortal. Longe disso!

O fato, no entanto, é que é preciso entender o instituto, estudá-lo em suas minúcias operacionais, e, para além disso, ter muito firme a ideia de que a supressão do litígio diz muito mais respeito à sua retirada da via jurisdicional, do que a solução de todas as questões. Daí, seguramente, a importância dos documentos que a assentam, edital e termo, fundamentalmente – nem tanto da sentença ou decisão administrativa homologatórias –, dos quais constarão as obrigações retroestabelecidas e cuja compreensão é vital para que se evite a relitigação.

Por isso, logo adiante, encerraremos nossas ideias expondo o que de mais valioso se apresenta no amplo contexto dos "novos tempos" – sua principiologia, numa visão que vai (ou deve ir) bem além do lugar comum desenhado por conceitos (mais que conhecidos) como legalidade, eficiência, efetividade, etc. (há mais, muito mais que isso, por trás da transação de tese em termos axiológicos e, aqui, neste tópico, deixamos sugerido um desses pontos, a exigência de maturidade, não no sentido vulgar, mas no de compreensão).

5. O especial caso dos embargos à execução fiscal

Antes de avançar na direção registrada no encerramento do tópico anterior, devemos lançar algumas observações sobre um caso subsumível à transação de tese realmente especial – o dos embargos à execução fiscal.

Eles, os embargos, de fato representam um capítulo à parte em nossas preocupações, à medida que, embora oficiem como instrumento dirigido a objetar o crédito tributário, supõem o prévio exercício, pela Fazenda, do direito de ação executiva, além da antecedente prestação de garantia.

Fixada essa cena processual complexa (em que duas demandas se cruzam), é preciso entender: quando se fala em transação sobre a tese subjacente aos embargos, fala-se, por via oblíqua, em supressão do caminho dado ao contribuinte para objetar a execução, o que implicaria a natural reabertura da via executiva – travada, até ali, pela oposição dos embargos pressupostamente precedidos de regular garantia.

Conquanto lógica, essa conclusão é precipitada, visto que desconsidera a complexidade processual com a qual estamos lidando.

Não faz nenhum sentido, com efeito, que a transação de tese se formalize nos embargos sem que se entenda afetada a própria execução, tudo a indicar que a transação no contencioso derivado dos embargos é verdadeiramente ambivalente, impondo o simultâneo acertamento não só da tese, mas também e necessariamente do crédito executado, mediante, por exemplo, o estabelecimento de um programa de parcelamento, com ou sem desconto, a depender das circunstâncias a que a tese se reporta.

Embora legalmente tratada no contexto da transação do contencioso – antiexacional, portanto –, a transação sobre os embargos, portanto, contém um inegável efeito sobre a atividade judicial executória, alcançando-a tal como se estivéssemos tratando de transação de cobrança – vejam como as categorizações são importantes, mas é o contexto pragmático que nos responderá sobre o nível de eficácia recolhível da via transacional.

De todo modo, como as definições legais devem ser respeitadas, a transação de que falamos deve seguir sendo tratada, em termos de regime jurídico, como "transação no contencioso", sem que daí decorra, repisemos, a desconsideração de seus efeitos sobre a cobrança.

Sutil, a diferença não pode ser ignorada, notadamente se, em termos concretos, além do edital de transação de tese, esteja em vigor, por exemplo, um outro, relativo à cobrança – isso sem considerar o fato de que a transação na cobrança pode ser celebrada independentemente de edital, tomada, nesse sentido, a negociação individual.

Aflora, nesse momento e talvez de forma ainda mais portentosa, a relevância de uma leitura atenta do instituto, fato propulsor da desejável "compreensão responsável" sobre o tema.

Em suma prática, devemos admitir:

> (i) havendo edital para transação no contencioso, será ela (transação) realizável por esse caminho, ficando prejudicada a cobrança, ao menos enquanto vigente as cláusulas do acordo (como as que se referem, por exemplo, a eventual parcelamento) até sua consumação final, quando o crédito é extinto,
>
> (ii) havendo edital para transação na cobrança, será ela (a transação) igualmente realizável desde que dos embargos o contribuinte desista, renunciando ao direito neles convocado; nessa hipótese, como não é de transação de tese que estamos falando, migramos para outro regime jurídico, em que o aperfeiçoamento de condições legais peculiares é demandado – notadamente as relacionadas ao nível de (ir)recuperabilidade do crédito, condição não verificada no caso anterior,
>
> (iii) ainda que não haja edital de transação na cobrança, o contribuinte ou a Fazenda poderão propor transação dessa espécie em versão "customizada", que, aceita, também suporá a desistência de eventuais embargos.

Nos casos, (ii) e (iii), frise-se, a transação na cobrança será reflexamente eficaz em relação aos embargos, não propriamente porque transação no contencioso houve, sendo esse ponto de diferenciação relevantíssimo, pois, se não opera sobre a tese subjacente aos embargos, a transação não produz os efeitos típicos dessa última (a de tese).

6. Principiologia da transação no contencioso: voltando ao salto paradigmático

Pode parecer estranho encerrar a reunião de ideias vertidas neste livro, tratando daquilo que identificaríamos como "princípios regentes da transação no contencioso", tema usualmente introdutório.

Talvez seja ainda mais curioso trazer o assunto na fração dedicada à análise do instituto em sua dimensão pragmática – segundo as convenções tradicionais, os princípios assentar-se-iam num patamar de abstração que os colocaria distantes da realidade viva.

A par desses estranhamentos, desde o início vimos advertindo nosso leitor sobre nosso desejo de sair da ortodoxia em que se pauta a produção doutrinária, fazendo-o não por rebeldia gratuita, mas porque não visualizamos espaço, não aqui pelo menos, para preocupações formais, sobre como um livro deve ser construído, qual a ordem "normal" dos temas e subtemas, o volume de citações etc.

Como anunciamos logo em nossa apresentação, a partir da história que tantos de nós vivemos, profissional e academicamente, é possível melhor compreender o momento atual, descortinando-o como prenúncio de um "novo tempo" – que resolvemos chamar de (des)contencioso.

O caminho percorrido o foi – é o que julgamos, ao menos – de modo a nos permitir avançar sobre a dimensão pragmática, um nível de abordagem que a todos deve interessar porque revelador dos padrões eficaciais a que a transação de tese se atrelaria, incluídos nesse contexto seus objetivos práticos, algo que nos catapulta para além do dado puramente normativo, justamente o que nos conecta ao domínio dos princípios.

Se estamos falando de uma figura que traduz, na prática, um movimento derivado da saturação do contencioso, seria óbvio imaginá-la conexa a vetores como o da eficiência, além dos sempre citados princípios da segurança e da certeza – visão que longe de ser equivocada, guarda um único problema: ela diz muito pouco em termos de realidade viva.

Não é dessa classe de princípios, pois, que queremos (e precisamos) falar, senão daqueles que, como sugere a parte do livro em que estamos, se conectam à pragmática, enraizando-se ao campo concreto das coisas, o que nos faz pensar em "princípio" como símbolo representativo da gênese das coisas, não como valor abstrato.

Para construir esse quadro, admitamos, é preciso mergulhar, primeiro de tudo, no instituto focalizado, analisando-o em sua dimensão operacional – dessa espécie de análise é que derivará a lista de "princípios" que lhe são pertinentes. Vale dizer: não são os princípios que determinam os contornos do instituto; é a forma como o instituto se comporta (segundo as regras do sistema que o forjou) que determinará a principiologia correlata – algo que, por estranho que pareça, tem fortes implicações sobre a condução prática das coisas.

Pensemos: o ciclo de positivação da transação se inicia, assim já constatamos, com uma deliberação discricionária da Fazenda, deliberação essa que se lastreia num prévio "estudo" da cena atinente a determinada tese. Também já constatamos que o propósito que mobiliza a Fazenda a dar esse passo inicial é abreviar o resultado da atividade tributante – a arrecadação –, mesmo que essa abreviação signifique a outorga de descontos e/ou de prazos dilatados de pagamento.

O (DES)CONTENCIOSO TRIBUTÁRIO:
DA LITIGIOSIDADE ESCALAR À TRANSAÇÃO DE TESE

(Re)posta essa descrição, poder-se-ia dizer, num olhar apressado, que a transação simbolizaria, na perspectiva da Administração, as ideias de efetividade e de eficiência, sendo esses os vetores que a orientariam, o que, longe de ser errado, não nos satisfaz: como sugerido, eficiência e efetividade são valores genéricos e, exatamente por isso, estão (ou devem estar) presentes onde houver função administrativa, o que os faz despido de um laço específico, peculiar, em relação à transação no contencioso.

Devemos caminhar adiante e forçar a mão no aspecto pragmático, pensando em vetores capazes de balizar a conduta dos atores na persecução dos resultados a que aspiram, o que, no caso da transação proposta pela Fazenda, passa pela necessária adesão do coprotagonista do fenômeno, o contribuinte.

Vale dizer: se de fato a transação é do interesse individual da Fazenda (conectando-se às ideias genéricas de efetividade e eficiência), deverá ela pensar, por mais que olhe para seus interesses, nos interesses de seu "par", única forma de atraí-lo para a arena desejada, uma arena em que, longe do dissenso, reina o consenso.

Mas como fazê-lo? Se mil teses houvesse, essa pergunta seguramente desafiaria mil respostas – não vamos chegar a esse ponto.

O que nos interessa é reter a atenção sobre os elementos que compõem a gênese do pensamento de quem está envolvido nesse tipo de operação, a tônica desejavelmente dominante do espírito de quem quer transacionar – por isso, falamos em "princípios".

E é da Administração que devemos falar precipuamente, pois, se é dela o passo inicial do procedimento que resultará na transação, é sobre ela, por consequência, que esses elementos recaem prioritária, embora não exclusivamente.

PAULO CESAR CONRADO
FERNANDA DONNABELLA CAMANO

6.1 Empatia

Porque tradicionalmente associamos o direito, inclusive o tributário, a ideias como de confronto, de oposição, pode soar romântica a convocação, em seus domínios (do direito), da noção de empatia.

Não somos tolos a ponto de não imaginar que, a essa altura, podemos ser tomados como *"hippies* jurídicos" ou coisa do gênero – o que até poderia ser verdade, por que não?

O fato sobre o qual colocamos (e chamamos) a atenção, no entanto, não é contracultural, senão de câmbio paradigmático, aspecto que vimos desde antes suscitando e que, no que tange à transação de tese, é muito forte por todas as razões desde antes expostas.

Mas vamos para o lado pragmático das coisas, consideradas as seguintes (e já conhecidas) premissas:

> (i) se a iniciativa do procedimento que desaguará no ajustamento do litígio é sabidamente da Fazenda,
>
> (ii) se a detecção da tese a ser transacionada é dela, Fazenda, assim como a definição das regras respectivas – a serem veiculadas no competente edital,
>
> (iii) se, a par disso tudo, os interesses arrecadatórios do Fisco só se concretizarão, com efeito, se os possíveis destinatários do "convite" contido no edital – os contribuintes que tenham suscitado a tese eleita – a ele aderirem.

A única conclusão a que podemos validamente chegar (sem sombra de devaneio, mas com vigor pragmático) é que a Fazenda, no exercício de suas atribuições, não pode pensar no seu interesse isoladamente, senão em associação com o interesse dos prováveis transacionantes, medida que supõe uma conduta inédita aos olhos tradicionais: a de se colocar no lugar desse outro sujeito, aferindo, a partir daí, se e em que proporção o "convite" formulado faz ou não sentido.

O (DES)CONTENCIOSO TRIBUTÁRIO: DA LITIGIOSIDADE ESCALAR À TRANSAÇÃO DE TESE

Vejam que coisa interessante (para dizer o mínimo): décadas depois do advento do Código Tributário Nacional e da superlativização da beligerância nessa seara, esse talvez seja o primeiro momento em que a ideia de "empatia" aflore em nosso espírito, não como ideário moral, mas como um dado prático: ou bem a Fazenda trata de pensar na transação no contencioso considerada a noção de bilateralidade que lhe é ínsita, fixando regras que se acomodem aos interesses dos possíveis "candidatos", ou nada ocorrerá, o que pode vir a significar a frustração dos interesses da própria Fazenda – afinal de contas, convenhamos: se é publicado edital de transação de tese, é porque, antes disso, estudos indicariam que esse é o caminho mais desejável para a Administração; portanto, que se esforce na assunção de uma postura empática, o que, longe de configurar indevida fraqueza, sugere a força subjacente ao salto de paradigma que o direito precisa dar.

6.2 Alteridade

Compreendida a noção de empatia – numa dimensão, repisemos, objetiva, pragmática e reta –, é quase que automática a referência a outro elemento [que também identificaríamos como princípio regente da transação no contencioso [e de todas as figuras que integram o paradigma do (des)contencioso]: a alteridade.

A individualidade tão decantada pelo direito não é uma instância absoluta, que se afigura explicável por si mesma – acabamos de assim constatar quando realçamos o fato de que a Fazenda só perceberá os resultados que deseja no contexto da transação de tese, se sua contraparte estiver a seu lado.

E assim é, destaque-se, porque a individualidade é eminentemente reflexiva e, por isso, francamente, dependente da alteridade.

Usando outros termos: um indivíduo (o Fisco-transacionante, na situação que faceamos) só existe, se reconhece e é reconhecido como tal em razão de outro indivíduo (o contribuinte-transacionante). Isso é alteridade, no sentido aqui proposto.

Seria básica tal inferência não fosse o vício (construído por décadas de extremada contenciosidade) de abrigar a derivada aversão à noção de integração: como nos definiríamos em nossa individualidade sem ao menos um par que nos desse visibilidade (e existência, por conseguinte)? Como pode o Fisco pensar-se como tal, sem a figura do contribuinte? Pior: como pensar em transação proposta por um sem que se pense no outro como elemento complementar – não como adversário.

Da premissa da alteridade (associada à precedente ideia de empatia) deflui, assim, outro elemento principiológico sem o qual não é possível pragmatizar a transação, inclusive e principalmente a de tese.

6.3 Dialogia

Fechando o percurso, é preciso mencionar a ideia de dialogia, importantíssima por sua força instrumental.

A ideia de diálogo direto entre os protagonistas da cena tributária é vital, com efeito, para que se instrumentalize alteridade e empatia, ideias relativamente abstratas, mas que ganham contornos muito mais precisos se pensarmos o direito tributário como um campo dialógico, de troca de experiências, de cooperação.

Se a transação no contencioso, ao menos no atual estágio, ainda se encontra vinculada à inciativa fazendária – o que de certa forma lhe dá uma aparência monológica – não nos iludamos: os impulsos para a formação da decisão pela transação (formalizada com a publicação do edital) são multilaterais, cabendo (i) aos contribuintes agir no sentido de dispará-los e (ii) à Fazenda colocar-se permeável a esses impulsos, avaliando-os com a responsabilidade que se espera de uma Administração dialógica.

Talvez por isso, sem desdizer a competência fazendária no que toca à produção do edital, a Portaria ME n. 247/2020 tenha estabelecido, em seu art. 28, a possibilidade de sugestões de temas passíveis de transação a uma série de personagens, muitos dos quais munidos, pela experiência gerada por sua posição, de "pistas" não detectáveis pelo Fisco – clara manifestação do necessário traço dialógico suscitado pelo salto paradigmático inerente ao "novo tempo", o tempo do (des)contencioso.

REFERÊNCIAS

ARAÚJO, Ana Clarissa Massuko dos Santos. Efeitos da concomitância entre processo judicial e administrativo. Análise do parágrafo único do art. 38 da Lei 6.830/80. *In:* CONRADO, Paulo Cesar (coord.). *Processo tributário analítico* volume I. 3ª ed. São Paulo: Noeses, 2015.

ARAUJO, Clarice von Oertzen de. Fenomenologia e semiótica de Peirce: métodos para a ciência jurídica. *In: Revista da Escola Superior da Procuradoria-Geral do Estado de São Paulo*, v. 4, n. 1, p. 406-422, jan./dez. 2013.

ARAUJO, Clarice von Oertzen de. *Incidência jurídica:* teoria e crítica. São Paulo: Noeses, 2011.

ARAUJO, Clarice von Oertzen de. *Semiótica do direito*. São Paulo: Quartier Latin, 2005.

ARAUJO, Juliana Furtado Costa. A efetividade da cobrança do crédito tributário federal como fundamento legitimador da Portaria PGFN 33/2018. *In:* ARAUJO, Juliana Furtado Costa; CONRADO, Paulo Cesar Conrado (coord.). *Inovações na cobrança do crédito tributário*. São Paulo: Thomson Reuters Revista dos Tribunais, 2019.

ARAUJO, Juliana Furtado Costa. Negócio jurídico processual e transação tributária como instruementos de conformidade fiscal. *In*: CONRADO, Paulo Cesar; ARAÚJO, Juliana Furtado Costa (coord.). *Transação tributária na prática da Lei n° 13.988/2020*. 2 ed. São Paulo: Thomson Reuters Revista dos Tribunais, 2022.

ARENDT, Hannah. *A condição humana*. Tradução Roberto Raposo. 12. ed. Rio de Janeiro: Forense, 2014.

BARBASSA, Sarah Mila. Transação tributária e sua aplicação aos débitos relativos a tributos estaduais e municipais (análise comparativa do instituto a partir do que dispõe a lei federal). *In*: CONRADO, Paulo Cesar; ARAÚJO, Juliana Furtado Costa (coord.). *Transação tributária na prática da Lei n° 13.988/2020*. 2ª ed. São Paulo: Thomson Reuters Revista dos Tribunais, 2022.

BOCATTO, Esdras. Pode-se muito, mas não se pode tudo: transação tributária não é parcelamento. *Revista Consultor Jurídico*, 25 de dezembro de 2022. Disponível em: https://www.conjur.com.br/2022-dez-25/processo-tributario-transacao-nao-parcelamento?

BORGES, José Souto Maior. *Lançamento tributário*. 2 ed. São Paulo: Malheiros, 1999.

CANTANHEDE, Luis Claudio Ferreira. Ainda o peculiar sincretismo na cobrança do crédito tributário. *Revista Consultor Jurídico*, 22 de maio de 2022. Disponível em: https://www.conjur.com.br/2022-mai-22/ainda-peculiar-sincretismo-cobranca-credito-tributario?

CANTANHEDE, Luis Claudio Ferreira. Transação tributária na dívida ativa – a isonomia como critério de restrição da discircionariedade na avaliação de propostas de transação individual. *In*: CONRADO, Paulo Cesar; ARAÚJO, Juliana

Furtado Costa (coord.). *Transação tributária na prática da Lei nº 13.988/2020*. 2ª ed. São Paulo: Thomson Reuters Revista dos Tribunais, 2022.

CARNEIRO, Júlia Silva Araújo. A transação tributária na Lei nº 13.988/2020: repercussões sobre a livre concorrência e o papel do devedor contumaz. *In*: CONRADO, Paulo Cesar; ARAÚJO, Juliana Furtado Costa (coord.). *Transação tributária na prática da Lei nº 13.988/2020*. 2ª ed. São Paulo: Thomson Reuters Revista dos Tribunais, 2022.

CARVALHO, Paulo de Barros. *Curso de direito tributário*. 9ª ed. São Paulo: Saraiva, 1997.

CASTRO, Danilo Monteiro de. A suspensão da exigibilidade do crédito tributário é um efeito sempre presnete na transação. *In*: CONRADO, Paulo Cesar; ARAÚJO, Juliana Furtado Costa (coord.). *Transação tributária na prática da Lei nº 13.988/2020*. 2ª ed. São Paulo: Thomson Reuters Revista dos Tribunais, 2022.

CONRADO, Paulo Cesar. *Execução fiscal*. 5ª ed. São Paulo: Quartier Latin, 2021.

CONRADO, Paulo Cesar. Direito, alteridade e transação tributária. *Revista Consultor Jurídico*, 04 de dezembro de 2022. Disponível em: https://www.conjur.com.br/2022-dez-04/processo-tributario-direito-alteridade-transacao-tributaria?

CONRADO, Paulo Cesar. Limites do negócio jurídico processual: como avaliá-los? *Revista Consultor Jurídico*, 03 de abril de 2022. Disponível em: https://www.conjur.com.br/2022-abr-03/processo-tributariolimites-negocio-juridico-processual-avalia-los?

CONRADO, Paulo Cesar. PRDI: processo ou procedimento? Colocando pingo nos "is". *Revista Consultor Jurídico*,

25 de setembro de 2022. Disponível em: https://www.conjur.com.br/2022-set-25/processo-tributario-prdi-processo-ou-procedimento-colocando-pingos-is?

CONRADO, Paulo Cesar. *Processo tributário*. 3ª ed. São Paulo: Quartier Latin, 2012.

CONRADO, Paulo Cesar. Redefinição do conceito de litispendência a partir da "nova" coisa julgada (art. 502 do CPC/2015): impacto no confronto de execução fiscal e medidas antiexacionais (embargos, exceção de pré-executividade e anulatória). *In*: CONRADO, Paulo Cesar; ARAÚJO, Juliana Furtado Costa (coord.). *Processo tributário analítico*. São Paulo: Noeses, 2019. v. IV.

CONRADO, Paulo Cesar. Transação antiexacional (contencioso) e sua possível incidência sobre a tese jurídica de fundo. *In*: CONRADO, Paulo Cesar; ARAÚJO, Juliana Furtado Costa (coord.). *Transação tributária na prática da Lei nº 13.988/2020*. 2ª ed. São Paulo: Thomson Reuters Revista dos Tribunais, 2022.

CONRADO, Paulo Cesar; ARAÚJO, Juliana Furtado Costa. A Lei n. 14.375/2022 e a reafirmação do importante papel da transação tributária. *In*: CONRADO, Paulo Cesar; ARAÚJO, Juliana Furtado Costa (coord.). *Transação tributária na prática da Lei nº 13.988/2020*. 2 ed. São Paulo: Thomson Reuters Revista dos Tribunais, 2022.

CONRADO, Paulo Cesar; ARAÚJO, Juliana Furtado Costa. Transação tributária no direito brasileiro e seus principais aspectos à luz da Lei nº 13.988/2020 com as alterações da Lei nº 14.375/2022. *In*: CONRADO, Paulo Cesar; ARAÚJO, Juliana Furtado Costa (coord.). *Transação tributária na prática da Lei nº 13.988/2020*. 2 ed. São Paulo: Thomson Reuters Revista dos Tribunais, 2022.

CONRADO, Paulo Cesar; ARAÚJO, Juliana Furtado Costa; CAMANO, Fernanda Donnabella (coordenadores). Transação no contencioso tributário federal: temas de possível eleição. São Paulo: Editora Max Limonad, 2021.

DEWEY, John. *Logic*: the theory of inquiry. Redditch. London: Read Books, 2013.

GOMES, Daniel de Paiva. A renúncia às alegações de direito, atuais ou futuras, sobre as quais se funda a defesa do contribuinte enquanto condição à celebração de transação em matéria tributária. *In*: CONRADO, Paulo Cesar; ARAÚJO, Juliana Furtado Costa (coord.). *Transação tributária na prática da Lei nº 13.988/2020*. 2 ed. São Paulo: Thomson Reuters Revista dos Tribunais, 2022.

GOMES, Daniel de Paiva; GOMES, Eduardo de Paiva. A transação tributária e sua (obrigatória) utilização em situações de calamidade pública : o caso da pandemia da covid-19. *In*: CONRADO, Paulo Cesar; ARAÚJO, Juliana Furtado Costa (coord.). *Transação tributária na prática da Lei nº 13.988/2020*. 2 ed. São Paulo: Thomson Reuters Revista dos Tribunais, 2022.

GOMES, Eduaro de Paiva. Transação tributária no contexto da responsabilidade solidária entre empresas integrantes do mesmo grupo econômico:a (não) prejudicialidade entre transação celebrada pelo contribuinte e a ação judicial proposta pelo responsável tributário visando à desconstituição do crédito tributário transacionado. *In*: CONRADO, Paulo Cesar; ARAÚJO, Juliana Furtado Costa (coord.). *Transação tributária na prática da Lei nº 13.988/2020*. 2 ed. São Paulo: Thomson Reuters Revista dos Tribunais, 2022.

GONÇALVES, Carla de Lourdes. Rescisão da transação individual diante da declaração de inconstitucionalidade pelo STF. *In*: CONRADO, Paulo Cesar; ARAÚJO, Juliana

Furtado Costa (coord.). *Transação tributária na prática da Lei nº 13.988/2020*. 2 ed. São Paulo: Thomson Reuters Revista dos Tribunais, 2022.

GONÇALVES, Carla de Lourdes; VERGUEIRO, Camila Campos. Transação do contencioso de relevante e disseminada controvérsia: moldura legal. Revista Consultor Jurídico, 31 de julho de 2022. Disponível em: https://www.conjur.com.br/2022-jul-31/processo-tributario-transacao-contencioso-relevante-disseminada-controversia?

JABUR NETO, Mario. Breve paralelo entre parcelamento, plano de amortização convencionado em negócio jurídico processual e transação e seu denominador comum. *In*: CONRADO, Paulo Cesar; ARAÚJO, Juliana Furtado Costa (coord.). *Transação tributária na prática da Lei nº 13.988/2020*. 2 ed. São Paulo: Thomson Reuters Revista dos Tribunais, 2022.

LUNARDELLI, Maria Rita Gradilone Sampaio; CONRADO, Paulo Cesar. Discricionariedade e transação no contencioso. *In*: CONRADO, Paulo Cesar; ARAÚJO, Juliana Furtado Costa (coord.). *Transação tributária na prática da Lei nº 13.988/2020*. 2 ed. São Paulo: Thomson Reuters Revista dos Tribunais, 2022.

MARINONI, Luiz Guilherme. *Coisa julgada sobre questão*. 2ª ed. São Paulo: Thomson Reuters/RT, 2019.

MARINONI, Luiz Guilherme. *Ética dos precedentes*. São Paulo: Thomson Reuters/RT, 2019.

MARINONI, Luiz Guilherme. *Precedentes obrigatórios*. 6ª ed. São Paulo: Thomson Reuters/RT, 2019.

MARINONI, Luiz Guilherme; ARENHART, Sérgio Cruz; MITIDIERO, Daniel. *Curso de processo civil*: tutela dos direitos mediante procedimento comum. 3. ed. São Paulo: Thomson Reuters/RT, 2020. v. 2.

MASSUD, Rodrigo G. N.. Transação de passivo contingente nos casos de virada jurisprudencial: coisa julgada, pressupostos positivos e negativos da ransação no contencioso. *In*: CONRADO, Paulo Cesar; ARAÚJO, Juliana Furtado Costa (coord.). *Transação tributária na prática da Lei nº 13.988/2020.* 2ª ed. São Paulo: Thomson Reuters Revista dos Tribunais, 2022.

NÓBREGA, Flavianne Fernanda Bitencourt. Por uma metodologia do direito de base pragmatista: o raciocínio abdutivo no direito. Disponível em: http://www.publicadireito.com.br/conpedi/manaus/arquivos/anais/recife/hermeneutica_flavianne_nobrega.pdf. Acesso em 30 jan. 2021.

OLIVEIRA, Paulo Mendes. *Segurança jurídica e processo – da rigidez à flexibilização processual* (coord. Luiz Guilherme Marinoni, Sérgio Cruz Arenhart e Daniel Mitidiero). São Paulo: Thomson Reuters Revista dos Tribunais, 2018.

PINHO, Mariana Corrêa de Andrade. Capacidade de pagamento como expressão do princípio da igualdade na transação tributária da dívida ativa da União. *In*: CONRADO, Paulo Cesar; ARAÚJO, Juliana Furtado Costa (coord.). *Transação tributária na prática da Lei nº 13.988/2020.* 2 ed. São Paulo: Thomson Reuters Revista dos Tribunais, 2022.

RÊGO, George Browne. O pragmatismo como alternativa à legalidade positivista: o método jurídico-pragmático de Benjamin Nathan Cardozo. *Revista* Duc In Altum *Caderno de Direito*, v. 1, n. 1, jul./dez. 2009.

RIBEIRO, Diego Diniz. A transação tributária no atual contexto da processualidade tributária: uma análise crítica da Lei nº 13.988/2020. *In*: CONRADO, Paulo Cesar; ARAÚJO,

Juliana Furtado Costa (coord.). *Transação tributária na prática da Lei n° 13.988/2020.* 2 ed. São Paulo: Thomson Reuters Revista dos Tribunais, 2022.

ROSA, Íris Vânia Santos. Transação tributária e precatórios. *In*: CONRADO, Paulo Cesar; ARAÚJO, Juliana Furtado Costa (coord.). *Transação tributária na prática da Lei n° 13.988/2020.* 2 ed. São Paulo: Thomson Reuters Revista dos Tribunais, 2022.

SALIBA, Ricardo Berzosa. A transação das multas na Lei n° 13.988, de 14 de abril de 2020. *In*: CONRADO, Paulo Cesar; ARAÚJO, Juliana Furtado Costa (coord.). *Transação tributária na prática da Lei n° 13.988/2020.* 2 ed. São Paulo: Thomson Reuters Revista dos Tribunais, 2022.

SARLET, Ingo Wolfgang; MITIDIERO, Daniel; MARINONI, Luiz Guilherme. *Curso de direito constitucional.* 3. ed. São Paulo: Thomson Reuters/RT, 2014.

SILVA, Lázaro Reis Pinheiro. Transação como mecanismo proparatório para a extinção da obrigação tributária. *In*: CONRADO, Paulo Cesar; ARAÚJO, Juliana Furtado Costa (coord.). *Transação tributária na prática da Lei n° 13.988/2020.* 2 ed. São Paulo: Thomson Reuters Revista dos Tribunais, 2022.

SPINA, Vanessa Damasceno Rosa. Transação de dívidas de pequeno valor. *In*: CONRADO, Paulo Cesar; ARAÚJO, Juliana Furtado Costa (coord.). *Transação tributária na prática da Lei n° 13.988/2020.* 2 ed. São Paulo: Thomson Reuters Revista dos Tribunais, 2022.

SOUZA, Fernanda Donnabella Camano de. Os requisitos e os efeitos da transação por adesão no contencioso tributário de relevante e disseminada controvérsia jurídica. *In*: CONRADO, Paulo Cesar; ARAÚJO, Juliana Furtado

Costa (coord.). *Transação tributária na prática da Lei nº 13.988/2020*. 2 ed. São Paulo: Thomson Reuters Revista dos Tribunais, 2022.

TUZET, Giovanni. Legal abduction. *Cognitio*, São Paulo, v. 6, n. 2, jul./dez. 2005.

VERGUEIRO, Camila Campos. CPC/2015, regulamentação da transação e suas modalidades. *In*: CONRADO, Paulo Cesar; ARAÚJO, Juliana Furtado Costa (coord.). *Transação tributária na prática da Lei nº 13.988/2020*. 2 ed. São Paulo: Thomson Reuters Revista dos Tribunais, 2022.

WAAL, Cornelis de. *Sobre pragmatismo*. Tradução Cassiano Terra Rodrigues. São Paulo: Loyola, 2007.